MW01634249

LE CHANT DU GRAND DUC

Cairole

LE CHANT DU GRAND DUC

*Un autre regard sur la vie,
sur la maladie et sur la mort*

Témoignage

Je remercie le Dr Jean-Loup Mouysset, Eléonore Herbecq, mes proches, les équipes médicales hospitalières, les équipes de soins palliatifs mobiles et de l'hospitalisation à domicile. Nous avons formé ensemble une équipe exceptionnellement solidaire qui a permis à Dhyana de partir dans la sérénité.

Je remercie mon conjoint de son soutien durant la réalisation de cet ouvrage.

À toi Dhyana, du fond du cœur, merci, ainsi qu'à ton mari,

toujours unis quoi qu'il advienne.

Je t'aime.

Je remercie la vie de me combler de rencontres et expériences exceptionnelles.

Je suis riche d'Amour.

Merci à tous

Sommaire

Message du Dʳ Jean-Loup MOUYSSET
Oncologue

« J'ai eu le privilège d'avoir été l'oncologue de Dhyana durant presque deux ans.

De la maladie, je ne dirai que quelques mots : une évolution toute particulière qui confirme qu'il n'y a pas un cancer, mais des personnes uniques, ayant une maladie tellement dépendante du corps où elle se développe et de son environnement, qu'il n'y a vraiment pas deux histoires identiques.
Car il y a ce choix d'un "Autre Regard sur le cancer", qu'avait fait Dhyana, celui de ne pas se focaliser sur la maladie mais de vivre Sa vie, certes avec le cancer, mais centrée sur La vie.

Ce livre est un témoignage vibrant, que l'Âme vit bien au-delà de ce corps, et l'on ne peut juger de ce qu'elle traverse et expérimente à travers la maladie.

Et, même si elle a pu douter dans la durée, il y avait cette certitude que la Mort n'était pas un échec et donc que la survie n'était pas à n'importe quel prix.
Vivre et non survivre…
Les traitements ont été délivrés à partir de ce choix, et arrêtés lorsqu'ils ne pouvaient plus aider à vivre mieux, à vivre plus intensément.

Merci à Dhyana et à Cairole pour le témoignage de cette réalité qu'elles
ont vécue dans leur chair :

*"NAISSANCE ET MORT SONT COUPLE,
et NON VIE ET MORT.
Ici l'Âme se trompe - lorsqu'elle a peur -
car la Vie vit éternellement."
(Dialogue avec l'Ange) »*

Dr Jean-Loup MOUYSSET

Message de Eléonore HERBECQ
Psychologue

« *Témoin privilégiée de cette expérience, je remercie Cairole d'avoir retranscrit si fidèlement et sincèrement son histoire, ainsi que le message de Dhyana. Ce récit me touche particulièrement, puisqu'au-delà d'avoir lu l'histoire, je l'ai également vécue en partie. J'ai pu ainsi être témoin de certaines synchronicités que vous découvrirez tout au long de ce livre ; elles n'ont pu demeurer silencieuses en moi.*

Alors, portée par le chant du Grand Duc, j'ai découvert un nouveau moyen de communication, un autre moyen de connexion… et j'ai porté un "autre regard sur la mort". Bien qu'elle soit d'une fatalité inéluctable, la mort n'est pas nécessairement une fin en soi, ni une fin de soi.

Comme une huile de douceur, ce livre fait du bien.

Enfant, je me posais sans cesse la question du "pourquoi". J'avais besoin de chercher un sens derrière chaque chose. Tout devait avoir une raison d'être. Quel était le sens de la vie ? Le sens de la mort ?

Ce livre a fait du bien à cette petite fille toujours présente en moi, qui a su trouver des réponses au "pourquoi".
Également, il a fait du bien à moi l'adulte, la psychologue et éternel chercheur, qui a ouvert une porte pour y trouver toujours plus de

compréhension concernant le fonctionnement mental, émotionnel et comportemental des êtres humains que nous sommes.

Je témoigne toute ma gratitude,
à Cairole et Dhyana,
pour cette transmission. »

Eléonore HERBECQ

Lettre de l'auteur
au lecteur

Chère lectrice, Cher lecteur,

Il n'est pas dans mes habitudes de partager mes expériences personnelles. Et vous comprendrez au fur et à mesure de la lecture, les raisons qui m'ont littéralement poussée à écrire cette histoire, si particulière. Mais avant de vous la raconter, telle qu'elle s'est déroulée, cette lettre m'est apparue nécessaire afin de présenter et préparer le sujet de cet ouvrage, qui évolue entre le passé et le présent, et qui révèle une improbable *connexion* entre deux modes d'existence ou… d'exister.

- oOo –

J'ai 58 ans et, comme beaucoup de femmes actives, je partage ma vie entre ma famille et mes différentes activités professionnelles, confrontée au challenge de l'équilibre dans un contexte économique et social mouvementé. Au-delà d'un quotidien dense, je suis avant tout une *chercheuse dans l'âme*, à l'esprit scientifique, systémique, observatrice des phénomènes. À douze ans, je débutais mes premières lectures sur la psychologie, études que j'élargissais au fil du temps, aux dimensions humaines mentales, émotionnelles, intuitives et spirituelles. Cette ligne de vie me conduisait pas à pas à la grande famille des sciences humaines dont la spiritualité, indispensable de mon point de vue, pour une juste compréhension globale et cohérente de l'humain, de la vie et de la mort.

Mon intarissable besoin de comprendre les mécanismes humains et de la vie dans toute leur complexité, me pressait sans cesse à étudier, à me former et à pratiquer. Parmi les nombreuses disciplines expérimentées, celles qui ont considérablement éclairé mon chemin, sont indéniablement l'hypnose et la spiritualité. Je terminerai donc ce petit tour d'horizon d'un parcours de chercheur sur ces deux *sciences* fondamentalement systémiques.

Concernant l'hypnose, j'approfondissais considérablement mes études et ma pratique. Mystérieuse au début, elle se révélait essentielle à la conscience de soi. Je la nommais dans mon livre « Intelligence intuitive – 1ère porte » : *science de l'hypnose*. Pendant longtemps, je cherchais à comprendre, au-delà d'une technique enseignée : *comment et pourquoi ça marche l'hypnose* ? Cette question m'avait alors imposé d'approfondir ma compréhension du concept *d'inconscient*, trop abstrait et flou pour moi. Source de débats et d'oppositions, de nombreux chercheurs, dont Freud, ont livré chacun leur théorie de *l'inconscient*. À force de tâtonnements dans cet environnement scientifique et philosophique obscur et compliqué, sans consensus sur le concept, mes recherches me dirigeaient ensuite et enfin, au cerveau. Je trouvais ma voie. Dès lors et grâce à mon mentor, Milton Erickson, ainsi qu'à mes études spirituelles, je m'émancipais de l'inconscient psychanalytique et me consacrais à la connaissance des mécanismes psychiques humains *inconscients* (dont nous n'avons pas conscience) ; et plus largement à la mémoire, à la pensée. Je commençais à pénétrer plus avant dans le monde complexe des processus subtils émotionnels en mesurant leur puissance de transformation.

En parallèle, plus de vingt années d'études et de disciplines spirituelles m'ont éclairée sur l'*Esprit*, au-delà du psychique. Mais du fait que la spiritualité soit souvent confondue à tort avec la religion de mon point de vue, il m'importe d'exposer mon approche dans le cadre de cet ouvrage, afin d'éviter toute forme d'ambiguïtés et d'amalgames. Je rejoins alors Ellen Herve-Desirat qui écrit dans son étude scientifique : « L'appartenance du concept de spiritualité aux sciences humaines est établie. Le lien entre la spiritualité et la philosophie est plus adapté qu'avec la religion, car elle s'apparente à une libre-pensée qui ne peut être contenue dans les limites des dogmes religieux. »[1] Je l'aborde ainsi telle une science dont l'objet est l'étude des

---

[1] « Spiritualité » - Ellen HERVE-DESIRAT – www.cairn.info/concepts-en-sciences-infirmières-2eme-edition--9782953331134-page-2888.htm

mécanismes de la Pensée, d'un *Principe*[2], animateur ou vital, appelé Conscience ou Esprit ou Âme ou autres, selon les visions de chacun, Principe indépendant de la matière et de toute forme de dogmes et croyances. Ainsi, je distinguerai également tout au long de cet ouvrage, ce qui est d'ordre *spirituel* par des noms écrits avec une majuscule, tel que l'*Amour*, Principe supérieur et divin, au-delà des sentiments humains.

Je m'intéresse donc à « l'Esprit » au sens large du terme, et je n'adhère à aucun dogme religieux ni courant ésotérique, paranormal, ni « para… *quoi que ce soit* ».

- oOo -

Cette présentation étant posée, je peux désormais parler de ce livre, dans lequel je partage la fin de vie de ma meilleure amie, Dhyana, sœur jumelle de cœur, emportée par un cancer généralisé. Elle était partie, et pourtant… *elle était toujours là !...* Une *extra-ordinaire* et improbable continuité relationnelle, sorte de *supra-connexion* initiée par le Grand Duc, le plus grand des rapaces nocturnes en Europe, installé près de chez nous quelques semaines avant son départ et que je surnommais le *Prince*.

---

[2] Principe : « ETYM. au sens de "commencement, début" du latin *principium* "commencement", "origine, fondement". Cause, origine ou élément constituant. Cause première active primitive et originelle. » Le Petit Robert

Dès le lendemain de son décès et durant les sept jours qui suivirent, je recevais des sortes *d'injonctions*, perceptions intérieures, pensées… dont je ne saisissais pas la source :

« Écris un livre :
"Le Chant du Grand Duc"
Dans l'ombre du cancer, de la maladie. »

Que se passait-il ?

Quelques jours me seront nécessaires afin d'intégrer ces manifestations. Dans le désert de l'absence de mon amie, une sorte de Petit Prince intérieur ne me demandait « *de dessiner un mouton* »[3], mais *d'écrire un livre*, alors qu'elle venait à peine de nous quitter. Une situation très particulière, inattendue, imprévue… qui s'apparentait à une sorte d'urgence ! Je n'étais ni préparée ni prédisposée à ce type de phénomènes.

La pudeur me fit hésiter à partager mon histoire, ne supportant pas l'idée d'être considérée comme une farfelue ou une illuminée. Mais cette forme *de pensée injonctive* se répéta durant sept jours, comme si « on » me poussait à réaliser cet ouvrage.

Un enchaînement d'événements exceptionnels me convaincra de commencer à écrire. En revanche, j'étais loin d'imaginer qu'à cette histoire déjà bouleversante de fin de vie avec mon amie, se juxtaposerait au fur et à mesure de l'écriture, l'incroyable perception d'être *accompagnée* par elle… au-delà de la mort.

---

[3] « Le Petit Prince » - Antoine de Saint-Exupéry

Ainsi, je laissais naturellement la plume informatique,
transformer en mots,
21 jours d'une fin de vie *auprès d'elle,*
durant 21 jours d'écriture, *sans elle…*
tout en étant avec elle.

Dans cet ouvrage, nous explorons l'ombre de la maladie qui
nous révèle que le cancer n'est pas seulement une maladie du
corps. Puis, à la manière d'un voyage initiatique, cette exploration nous mène au bout du chemin, à la mort qui dévoile une
rencontre, plutôt qu'une rupture fatale nous précipitant dans le
vide insupportable de la solitude. Au fil de l'écriture, des *coïncidences* exceptionnelles illumineront cette expérience intensément *vivante… une véritable histoire d'Amour… sans fin,* qui bou-
leversera mon esprit scientifique et rationnel.

Ce livre témoigne de notre histoire, orchestrée par le Chant du
Grand Duc. Nous avançons de l'ombre à la lumière, une initiation qui nous conduit à
un autre regard sur la vie et sur la mort.

Je vous remercie.

Cairole

- oOo –

N.B. Dans cet ouvrage, je partage parfois la plume avec Dhyana, en citant ses écrits, une sorte de journal et recueil de pensées de ces dix années de vie avec le cancer.

Je la remercie alors de clore cette lettre avec les mots qui introduisent son recueil :

« Que mes écrits puissent apporter de la lumière là où subsistent des zones d'ombre dans votre propre existence. »

Dhyana

« *Quand le mystère est trop impressionnant,
on n'ose pas désobéir.* »
Antoine de Saint-Exupéry
« *Le Petit Prince* »

I.
TU ES LÀ...

2 septembre 2021... Tu es allongée sur ton lit médicalisé, dans ta maison ; nous approchons les 18h30. Tout est particulièrement calme. Un drap blanc recouvre ton corps considérablement amaigri. Seule ta tête dépasse. Ton visage est tourné vers moi. Tes yeux, entrouverts, regardent sans voir. Je sais que tu es désormais absorbée vers l'intérieur. Ton corps meurtri, mutilé par la maladie, est présent. Mais tu sembles déjà partie.

Où es-tu, Dhyana ?

En face de toi, la fenêtre ouverte t'offre le doux tableau d'un olivier dans un joli jardin. La température est clémente en ce début du mois de septembre. On entend le chant des éolyres[4] installées par ton mari dans les arbres, sons que tu affectionnes particulièrement, orchestrés au rythme des vents, doux et mélodieux concert de la nature.

En parallèle, le rythme insupportablement uniforme et inflexible des pompes à perfusion et à oxygène impose l'exécrable récital de cette maladie invasive… le cancer. Ta chambre transformée en hôpital, en pharmacie, rappelle qu'un jour, il y a dix ans, ta vie prenait son plus grand virage, et au-delà, notre vie.

Là… à cet instant,
ton corps, parvenu à bout de souffle,
se prépare… à son dernier souffle.

- oOo -

Alors que tu es partie, il y a sept jours,
je commence à écrire et,
tu es là…

- oOo –

---

[4] Carillons à vent

II.

IMPROBABLE

RENCONTRE

1988… Il y a trente-trois ans, ma fille pointait le bout de son joli petit nez ; six mois plus tard, nous nous croisions pour la première fois… Nous avions vingt-cinq ans.

Nous étions si différentes, voire opposées, tant par notre éducation, milieu social, cadre de vie, que nos métiers et passions ; rien ne prédestinait notre rencontre et encore moins notre relation. Toi, native de la campagne, passionnée d'ornithologie et moi, citadine pure souche : un univers nous séparait. Entre mes tailleurs, talons hauts, rouges à lèvres, vernis à ongles, à courir dans l'ouest parisien ; et toi, tes baskets, tenues de randonnées, jamais maquillée, à patienter des jours et des nuits, seule dans la nature avec tes jumelles, afin d'observer les oiseaux… les probabilités de nous croiser s'annonçaient faibles.

Tu adorais faire du jardin. Je n'avais jamais mis les pieds dans un potager avant de te connaître. Tu riais de me voir m'impatienter lorsque nous ramassions, occasionnellement, des haricots verts, des petits pois ou autres légumes !
Que c'était long ! Alors qu'il était si simple de les acheter frais, en boîte ou congelés !

Et comme tu as ri le jour où nous visitions un petit village de France : j'étais stupéfaite de découvrir qu'il n'y avait pas de distributeurs automatiques de billets ! Je me demandais alors comment il était possible de vivre si loin de tout !
Comme disait Coluche : « Rien ! Vraiment la zone, tu vois ! »[5]
Tu te demandais comment il était possible de vivre entre deux trains, deux aéroports ; comment il était possible de vivre dans une ville, sans nature, avec autant de monde et de bruits.

Et je me souviens combien tu étais effarée par mon utilisation de l'eau, mon gaspillage ! Tu me parlais de l'environnement et de la planète. C'était il y a quelques dizaines d'années ! J'accordais peu d'attention, à l'époque, aux discours et mesures écologiques.

Toi, toujours première de la classe, studieuse, études supérieures, ingénieure ! Moi, plutôt en fin de liste, scolarité

---

[5] « Le blouson noir » - Sketch de Coluche (1975)

mouvementée, tant au niveau des résultats que des comportements.

Tu avais eu une vie *hyperstable* : la même famille, le même village, la même maison ! Et moi, famille éclatée, de nombreux déménagements !

Apparemment tout nous séparait… et pourtant ! Derrière tes jumelles et moi mes Ray-Ban, un point essentiel préparait notre rencontre : notre regard sur le monde et sur la vie. Nous n'étions pas convaincues par le modèle de bonheur qui nous était proposé ! Malgré un packaging attrayant, il était vide de sens, de cohérence, de réponses à des questions existentielles que nous nous posions chacune depuis l'âge de douze ans. Tu te demandais : *C'est quoi Dieu ? C'est quoi l'Amour ? À quoi ça sert la Vie ?* Je me demandais : *Pourquoi la souffrance existe ? Pourquoi certains souffrent et d'autres pas ? Qui ou quoi distribuent les cartes du bonheur et de la misère ?* Nous étions dans l'impérieuse nécessité de trouver des réponses. C'était vital pour nous. Nous avions déjà *baroudé* dans nos recherches et nos réflexions. L'une et l'autre avions abouti à… la réincarnation. Pour ma part, j'avais découvert ce *concept* lors de rencontres avec des lamas tibétains. Comme tout véritable *chercheur*, nous approfondissions le sujet de la réincarnation et de la loi de cause à effet. Nous trouvions l'une et l'autre enfin une hypothèse, une piste de réponses logiques à explorer ! La réincarnation s'était imposée à l'une et à l'autre comme une évidence à éprouver par le feu du raisonnement et de l'expérience, et non comme une croyance.

À vingt-cinq ans, nous rencontrions individuellement un chercheur spirituel. Il m'avait été présenté par le père de mes enfants. À l'occasion d'un rendez-vous avec lui, nous nous croisions… La connexion était faite ! Et nous voilà réunies par la pertinence, la logique, la cohérence de ses éclairages.

Nous le citons régulièrement dans notre histoire. Afin de respecter sa volonté d'anonymat, nous l'appelons : *le sage et philosophe occidental*.

Nous nous revoyions. Nous nous liions d'amitié rapidement. Bien plus tard, nous découvrirons, sans grande surprise, que nous ne nous étions pas simplement *rencontrées,* mais véritablement, *retrouvées.*

Nous ne nous lassions pas d'échanger, de partager nos recherches, nos réponses, nos études, nos expériences et enfin, nos vies. Nous devenions inséparables. Nous nous installions sur le même domaine à la campagne avec nos familles respectives. Nous grandissions ensemble spirituellement dans la compréhension des mécanismes subtils humains, de la vie, de la mort, de la souffrance, de l'amour et du concept de *dieu,* que nous comprenions désormais comme *un principe divin, une nature divine en soi.* Nous découvrions que nous avions tout en nous : les questions, les réponses et les clefs. Il s'agissait davantage de trouver la méthode pour avoir accès au soi, à la connaissance de soi, à la conscience de soi et du *soi.*

Nous étions initiées à une pratique spirituelle : la méditation, une technique, un art de vivre, un rapport avec soi et son environnement à la fois présent et distancié. Tu iras loin dans cette pratique durant ton cancer, plus loin que ton instructeur lui-même, à raison de six à huit heures de méditation quotidienne, durant certaines périodes de ta maladie.

- oOo -

Toujours ensemble, rien ne pouvait nous séparer,
comme des jumelles.
Aujourd'hui je peux l'affirmer,
effectivement… rien.

- oOo -

III.
10 ANS

2011, il y a 10 ans… Tu as alors 48 ans. Tu sens une petite masse dure dans le sein. Tu n'en parles à personne. Après quelques mois, tu décides de faire une échographie. Tu apprends que tu as un cancer du sein gauche avec quelques petits foyers.

- oOo -

POURQUOI MOI ? ...

Tu décris le choc… « *Mon mari m'accompagne pour la consultation. Le médecin nous annonce que j'ai un cancer. Je suis en état de choc. Je n'ai jamais pensé que je pourrais un jour être touchée par cette maladie. Sur le chemin du retour, il reste silencieux alors que moi, je me révolte et lui dis :*

— Pourquoi aurais-je un cancer ?

Jusqu'à présent, j'étais persuadée que mon hygiène de vie, mon alimentation ne me permettraient pas de développer cette maladie. Je n'ai jamais fumé, je ne bois pas d'alcool, je vis à la campagne, je ne prends pas de pilules contraceptives.

Je passe par toutes sortes de réactions. Je vis le déni :

— Ce n'est pas possible, c'est une erreur de diagnostic !

Puis le sentiment d'injustice mêlé à la colère :

— Pourquoi moi ?

L'ébranlement :

— En quoi me suis-je trompée ?

La chute :

— Je n'ai plus qu'à me laisser mourir !

Puis l'instinct de survie :

— Je vais combattre la maladie et guérir.

De retour à la maison, mon mari et moi restons longuement enlacés sur le canapé. Il me procure toute la douceur et la tendresse dont il sait si bien me faire preuve. Et moi, je continue ma réflexion à voix haute :

– Le mot cancer me met face à la mort. Maintenant, j'envisage ma mort imminente et j'ai peur. Je suis face à l'inconnu, à la mort, et j'ai peur. Ma vie bascule ! »

La vie vient de basculer. Alors que je me replonge dans cette période aujourd'hui, je mesure à nouveau le choc de cette annonce du cancer et de ses répercussions sur les dix années qui suivront. Ce diagnostic venait de sceller à jamais la porte de notre vie, comme si un épais nuage de particules sombres voilait brusquement la lumière solaire de notre monde si vivant. Ce ne sera plus jamais comme avant. Il y a dix ans, je t'ai perdue quelque part. Sans le savoir à l'époque, je me préparais à un premier *deuil* : celui des rires, des partages, des bouleversements, des prises de tête… *Véritable sœur, non pas de sang, mais de cœur,* comme tu aimais l'écrire, je rentrais alors dans l'ombre du cancer avec tous tes proches qui allaient, non plus *vivre… avec toi,* mais t'accompagner et *vivre… avec le cancer.*

Dix ans de route avec son lot d'angoisses, d'incertitudes, d'espoirs et de désespoirs, d'attente de résultats d'examens, d'affrontements, d'effondrements, de colères… puis, d'une lente décrépitude du corps et, paradoxalement, d'un parcours d'éveil unique.

- oOo –

Le cancer, c'est celui d'une personne,
d'une famille, d'un cercle d'amis.

DES REPONSES…

Tu débutes ton journal avec cette pensée du Dr Bach qui, dès les premières lignes, annonce ton positionnement face à la maladie : « La maladie est, dans son essence, le résultat d'un conflit entre l'âme et l'esprit et ne sera jamais extirpée sans un effort spirituel et mental. Aucun effort dirigé sur le corps seul ne peut faire plus que réparer superficiellement le dommage causé par la maladie. En fait, dans bien des cas, un rétablissement apparent est nuisible en ce qu'il dissimule au malade la cause réelle de son mal. En bref, la maladie, apparemment si cruelle, est en soi bienfaisante et nous est profitable, car si nous l'interprétons correctement, elle nous montrera nos défauts principaux. Traitée comme il convient, elle permettra l'élimination de ces défauts et nous laissera meilleurs qu'avant. La souffrance est un correctif qui met en lumière la leçon que nous n'aurions pas comprise par d'autres moyens et elle ne peut jamais être éliminée tant que cette leçon n'a pas été apprise et comprise. Il ne faut jamais désespérer, si grave que soit la maladie, car le fait que l'individu jouisse encore de la vie physique est l'indication que l'Âme qui le gouverne n'est pas sans espoir. »[6] Tu ajoutes : « *Le docteur Bach est un médecin anglais, dé-cédé en 1936, rejeté par le corps médical de l'époque, puis devenu célèbre posthume pour son travail sur les plantes, synthétisé sous l'appellation : les fleurs de Bach.* »

À cette même période, je reprends mes études. En parallèle, des médecins me sensibilisent à la dimension *psychosomatique* de la maladie, définie par le Robert comme étant « relatif aux troubles organiques ou fonctionnels, occasionnés, favorisés ou aggravés par des facteurs psychiques (émotionnels et affec-tifs) ». Le discours est logique. Je m'extrais alors du concept de *l'humain compartimenté*, dissociant le corps des vécus émotion-nels de l'être. Je découvre des ouvrages dont celui de Jacques Martel, « Dictionnaire des malaises et des maladies ». En intro-duction, il pose les fondements de ses recherches :
« Je suis responsable de ce qui m'arrive mais, dans la plupart des cas, ce n'est pas ma faute. C'est la méconnaissance des lois qui régissent les pensées et les émotions sur le corps physique qui m'amène à vivre des situations de malaises ou de maladies. Je dois donc prendre conscience de mon cheminement person-nel ou, au sens large du terme, de mon cheminement spirituel. Là où j'ai découvert qu'il n'y avait pas ou peu d'amour, je dois redécouvrir que l'amour était présent quand même. Pas évi-dent me direz-vous ? Mais c'est comme ça. […] Le seul vrai pouvoir que j'ai, c'est le pouvoir sur moi-même ; je suis le

---

[6] « La guérison par les fleurs » - Edward Bach

créateur de ma vie. Plus j'en suis conscient, plus je peux faire les changements appropriés. »[7]

Je relève la pensée du sage et philosophe occidental qui introduit également ton journal :
« La maladie ne doit pas être combattue. Il faut la comprendre, se mettre en situation d'écoute et d'observation, comprendre la raison de sa présence en soi, comprendre son but et agir de manière à l'aider à nous convaincre de la nécessité de sa présence provisoire en soi. De cette façon, nous nous mettons en accord avec la dynamique de l'activité de cette maladie, de sa raison d'être, du sens profond qui est la sienne et de l'importance essentielle de son rôle.
Il ne faut pas se battre contre la maladie. Il faut lui donner les éléments pour que la maladie comprenne que son rôle va s'accomplir et qu'elle pourra bientôt nous quitter. On ne parle pas de combat mais de partenariat. »

Ces extraits me rappellent à quel point l'ignorance de ces mécanismes nous prive de notre *pouvoir d'agir*.

Avec le recul de l'écriture aujourd'hui, il m'apparaît clairement que ces pensées se révéleront en toi des évidences au fur et à mesure de tes réflexions. Elles deviendront tes lignes directrices, sortes de garde-fous durant les crises. Elles déclencheront des prises de conscience qui feront de cette expérience, tel

---

[7] « Le Grande dictionnaire des malaises et des maladies » - Jacques Martel

que tu l'exprimes : « *Une véritable histoire d'Amour, avec un grand A, de dimension supérieure, que je qualifie d'AMOUR DIVIN.* »

Je te suivrai, envers et contre tout, dans ces allers-retours entre « l'enfer » de la maladie et « le paradis » d'une connexion avec *Cela* en toi, cet *Amour*. Ce paradoxe, souvent déroutant, se traduira par un décalage remarquable entre ton état physique se dégradant au fil du temps et ton étonnante vitalité.

Ton oncologue, le D\u0072 Jean-Loup Mouysset, auteur de « Devenir acteur de sa guérison avec l'Accompagnement thérapeutique », me dira lors d'un entretien individuel, que la maladie est *une opportunité de questionnement*. En introduction de son livre, il nous rappelle que le mot *crise* en chinois signifie *opportunité*.

- oOo -

Il est question de SENS,
et non de combat.

ENTRE GUERRE ET PAIX

Tu écris : « *Une grande violence s'exprime alors en moi. Ma tête est prise dans un étau. Je suis sous l'emprise d'une extrême colère. Personne, même mon mari, malgré toute sa délicatesse, ne peut me raisonner. Je ne peux même plus entendre les paroles de sagesse et d'amour qui m'ont nourri durant ces vingt-cinq dernières années. Ma tête est en ébullition permanente comme un volcan en éruption. Où que je sois, j'étouffe ! Je n'ai nul lieu où me reposer ! Et cela me panique, je sais que le stress n'a rien de bon pour ma guérison. Toutes les causes psychologiques données habituellement pour ce type de cancer me sont expliquées par différents thérapeutes que je rencontre, mais aucune ne me parle. Je sais qu'à travers cette maladie, je me demande à moi-même d'opérer un réel changement. Je le sais, mais je ne l'accepte pas. Je passe encore tout l'été à rejeter cette évidence. Les conflits intérieurs et extérieurs augmentent. Dans ces conditions de stress et de désespoir, le soutien de mon mari est capital. Je me sens comprise et non jugée, même dans mes excès de folie, et c'est un soutien fondamental. J'ai besoin de faire le calme dans ma tête et de retrouver la raison.* »

Tout en écrivant aujourd'hui, je lis dans un article médical que : « On ne meurt pas directement d'un cancer, mais du

dysfonctionnement d'un ou de plusieurs organes vitaux qu'il induit… On meurt surtout à cause des métastases, c'est-à-dire de la dissémination de la maladie dans le reste du corps. »[8]
Avec toi, je comprends désormais qu'on ne meurt pas directement d'un cancer. On meurt – aussi - de la dissémination des effets des peurs, des angoisses, du stress et plus généralement, des émotions fortes dans le corps et l'être tout entier.

Au fur et à mesure de l'évolution de la maladie, tu te découvres émotive, sensible. Les larmes au bord des yeux, à force de les retenir, tu ne comprends pas ; tu ne trouves pas les causes. Tu as des difficultés à exprimer tes ressentis. Tu butes. Pas de mots. Cela t'agace, t'énerve. Ce n'est pas clair.
Tu dis souvent : « Ça me gonfle ! »
Tu n'aimes pas ton corps. Tu le vois laid. Tu dis « ce corps » en évoquant le tien. Ce rapport avec toi-même frôle souvent la dureté, parfois l'intransigeance. Au-delà de la maladie du corps, un grand malaise émotionnel émerge, un grand malaise avec toi-même.
« Je me vois prisonnière dans une boîte à émotions. Accepter de se voir dans cette boîte, c'est déjà une clé pour en sortir. »

Oui ! Des années pour parvenir enfin à te voir dans *cette boîte* !
Cette annonce vient d'exploser le couvercle d'une cocotte-minute sous pression depuis des années, celle *des mémoires émotionnelles*, actives inconsciemment dans le présent, bien que reléguées aux oubliettes. Des dizaines d'années de situations mal

---

[8] https://sante.lefigaro.fr/article/par-quels-mecanismes-meurt-on-du-cancer-/

vécues dans l'enfance, de souffrances affectives, sentimentales et de deuils restés en plan dans le silence, implosent en… *cancer*. Souvent considérées comme des ennemies qui dérangent, les émotions sont pourtant les *messagères* de nos états internes, dont leurs sources se situent éventuellement à des époques du passé plus ou moins proche. Notre ignorance des mécanismes humains nous prive de ces précieux indicateurs, qui nous conduisent à l'origine du mal-être, sans pour autant ressasser le passé, tourner en rond autour du fameux « pourquoi ? », comme l'illustre cette anecdote : « Ce qui rappelle cette plaisanterie assez amère d'un patient qui, après des années de traitement (psychanalytique), continue à mouiller son lit « mais, dit-il, maintenant je sais pourquoi ! »[9]

Nos expériences de vie laissent parfois des *empreintes*, la plupart du temps inconscientes. Nos états émotionnels nous les révèlent dans le présent. Avoir accès à leurs sources *réelles*, afin de les transformer, requiert une expertise systémique, et non analytique. Le Dr Jean-Loup Mouysset désigne cette approche par : « l'activation de l'ici-et-maintenant. Accéder à son expérience immédiate et travailler sur elle est plus puissant que de traiter des abstractions ou expériences du passé »[10].

Tu réfléchis beaucoup. Peu à peu, tu trouves de nouvelles réponses à la question « *pourquoi moi ?* » : « *J'ai la profonde conviction que la cause principale de ce cancer est dans ma façon*

---

[9] « Changements Paradoxes et psychothérapie » - Paul Watzlawick, John Weakland et Richard Fisch,

[10] « Devenir acteur de sa guérison, avec l'Accompagnement thérapeutique » - Dr Jean-Loup MOUYSSET

d'appréhender la vie, dans mon caractère, dans ma façon de gérer les situations et de réagir aux évènements. »

50 ans de dénis, de non-dits !
Tout ce que tu n'as pas écouté en toi, tout ce que tu as réprimé, se met à hurler dans ton corps.
Tout t'échappe.
Tout devient *hors contrôle.*
L'ingénieure est profondément ébranlée.

Les chercheurs, auteurs du livre « Comprendre les émotions », rappellent que : « L'inhibition des émotions augmente le risque de cancer et accélère sa progression. »[11] Elles t'imposent désormais une rencontre avec toi-même, au-delà de ta volonté ferme. Tu ne peux plus contrôler. Tu mesures au fil du temps ton défaut de conscience et de gestion émotionnelles. L'évolution de la maladie te contraint désormais à considérer leurs messages, sortes *de lettres recommandées avec accusés de réception,* faisant suite à une succession de *rappels* et *relances* ignorés ou rejetés jusqu'alors. Tu es devant un fait accompli. Face à cette contrainte, tu oscilles entre ta nature combative et rebelle, et ta nature aspirant à la conciliation et à ce *partenariat* nécessaire à toute forme de guérison.

Au quotidien, les émotions se délient progressivement. Elles sont comme des indicateurs de ton avancement. Tu t'intéresses

---

[11] « Comprendre les émotions – Perspectives cognitives et psycho-sociales » - P.M. Niedenthal, S. Krauth-Gruber, F. Ric

à des méthodologies pour les accueillir. Parfois, tu parviens à ce véritable état d'accueil inconditionnel. Toutefois, cette impatience cartésienne exigeant des résultats rapides t'entraîne souvent au découragement… au doute, véritable gardien du seuil de la maladie.

Avec toi, je comprends que cette maladie est une sorte d'injonction implicite de soi à soi-même à donner, à se donner, à aimer, à s'aimer, sans imposer ses conditions et ses exigences.
Avec toi, je comprends le courage, la détermination et la confiance qu'elle impose.
Avec toi, je comprends l'insoutenable exigence de cette maladie à ne pas supporter le moindre doute.

Je relève cette pensée du sage et philosophe occidental dans ton journal : « Si l'on arrive à se positionner dans la conviction absolue que l'on va guérir, alors nous remettons en fonction en soi, tous les éléments contraires à la maladie et elle disparaît. Mais il faut s'interdire le doute ! Et alors, on guérit. »

En relisant tes écrits, je relève au fil des pages en filigrane… le doute :
« *Je comprends que le doute peut tout détruire.*
[…] Je vis des merveilles durant les méditations, c'est mon côté spirituel. Puis je doute de ce que je viens de vivre car cela me paraît tellement surnaturel. C'est mon côté rationaliste.
[…] Aussi, j'ai conscience qu'une guérison spontanée n'est accessible qu'aux personnes qui sont convaincues de leur guérison, sans l'ombre

d'un seul doute. Et mon problème essentiel pour ma guérison est bien celui d'en douter !

[...] Malgré les merveilles que je vis, le doute m'envahit parfois. Commence alors une série de vécus en dents de scie. D'une part, je vis de grands moments de bouleversement, d'émerveillement, de compréhension, d'intégration des mécanismes de l'univers. J'ai le sentiment d'être aimée du Tout. J'ai la certitude de guérir physiquement, et surtout spirituellement. D'autre part, ces moments sont suivis d'extrêmes déprimes, de doutes, de colères. La maladie redevient alors une ennemie. Je l'imagine en train de progresser et je pense que je ne m'en sortirai pas. Cela se passe surtout la nuit, et j'ai l'impression de revivre tous les états de torpeur et d'angoisses que ma sœur a vécus durant ces dix ans de lutte contre un cancer, jusqu'à sa mort. J'évite de parler à mon mari de ces moments de tourments, afin de ne pas le perturber encore plus.

[...] Je me souviens de mon professeur de biologie à l'université, qui nous enseignait que pour marcher, il faut passer par une phase de déséquilibre sur un pied et d'équilibre retrouvé sur l'autre pied. Il nous faisait remarquer que l'apprentissage à la marche demande à l'enfant courage, force, volonté, persévérance, pour se relever après chaque chute et recommencer. Je constate que je suis en train d'intégrer que la vie, c'est comme la marche : pour avancer, il faut accepter l'effort, la détermination, la persévérance et le déséquilibre qui ramène à l'équilibre. Dans la vie, le déséquilibre est composé des expériences au travers desquelles nous sommes confrontés à toutes nos croyances, nos peurs et nos doutes. Si je refuse cette confrontation, je refuse la vie ! »

Parfois, tu crois ; parfois, tu doutes. Dix années à osciller entre ces deux pôles, sans véritablement parvenir à ce qui devient ta quête… le lâcher prise. Tu écris :

« La thérapie se termine sur la nécessité d'un lâcher prise. Mais cela n'est pas très clair pour moi.

[...] Je crois être parvenue au lâcher prise, la dernière étape de la thérapie que ce docteur m'a préconisée. Mais, par la suite, je comprends que le lâcher prise est une expérience qui se renouvelle au quotidien. »

En écrivant ces mots, j'ai soudainement l'idée de chercher la définition du mot « maladie ». Selon Le Petit Robert, elle est « une entité morbide : groupement constant de manifestations pathologiques formant un tout ». L'expression *entité morbide* me frappe. Elle m'évoque *une sorte d'habitant intérieur* qui s'approprierait les lieux, au point d'en devenir le maître.

Avec toi, je comprends que le combat est vain et qu'une guérison complète exige un effort de partenariat avec la maladie, aussi « morbide » soit-elle.

« On dit que l'amour est le seul guérisseur. »[12] écrit Jacques Martel. Ainsi, il est question de *morbidité* et d'*amour*. Dans l'hypothèse où la maladie serait un appel désespéré à l'amour, je pose alors la question : *quoi* serait véritablement *morbide* en soi ? Je comprends que ce n'est pas *l'intention* originelle de la maladie. Ne serait-ce pas alors cet ennemi redoutable, s'imposant

---

[12] « Le grand dictionnaire des malaises et des maladies » - Jacques Martel

violemment par de véritables coups dans le corps, dans la tête et dans le cœur, détruisant radicalement toute forme d'espoir ? Toute forme d'amour ?… Le doute, véritable entité pernicieuse. Je l'ai maintes fois vu surgir comme un maître incontesté et incontestable face à l'insoutenable échéance… la mort.

Avec toi, je comprends la nécessité de ne pas se tromper de cible : le véritable combat n'est pas avec la maladie, mais avec tous ces processus mentaux internes, hautement délétères, tels que le doute.

- oOo -

Au cœur de cette tourmente physique, mentale et émotionnelle, tu trouves ta voie contemplative, ton oasis, ton coin magique. Tu dis :

« Je démarre un programme de méditation de huit heures par jour, par tranches de deux, trois, ou quatre heures. Cette activité me plaît et j'en suis ravie. En parallèle je commence un régime alimentaire. Les méditations me conduisent dans les profondeurs de moi-même.

[...] Je suis complètement disponible pour me concentrer. Je n'ai pas envie de bouger ni de m'activer. La posture statique, assise en tailleur me convient parfaitement.

[...] J'aime cette pratique. J'ai la sensation d'en avoir toujours ressenti le besoin mais sans avoir eu le courage ni la volonté de m'y consacrer.

[...] Je vis ces huit heures de pratique spirituelle dans la joie, la béatitude et la félicité. Durant ce temps, le doute, les peurs, la mélancolie, le stress n'existent plus. »

À cette époque, les résultats de certains examens montrent que le cancer s'est propagé dans les poumons. Soutenue par une conviction infaillible, tu concentres tes méditations et ton travail intérieur sur eux.

Trois semaines après tu écris :
« les douleurs dans les poumons ont disparu. J'ai pu respirer et les examens ont révélé qu'il n'y avait plus de cancer aux poumons. »

Tu avais les clefs.
Je suis émue en écrivant ces mots.
Je vis une forme de révolte et j'ai besoin de crier…

- oOo –

Dans l'ombre de la maladie,
le véritable cancer…
LE DOUTE.

RENCONTRE AVEC LA MORT

Durant ces années, tu t'es exercée à te familiariser avec la mort, au point d'une *rencontre avec elle*, tel que tu l'exprimes dans tes écrits, m'inspirant le titre de ce chapitre. Tu viens de subir ta première opération chirurgicale du sein et tu écris…

« Quatre jours après l'opération, je sors de l'hôpital. Je suis transportée jusqu'à mon domicile, dans la position allongée. En effet, je n'arrive pas à garder le buste redressé car la douleur est telle, qu'elle me donne des vertiges. Je reste ainsi allongée durant trois semaines. Le sujet de la mort, que j'avais évacué, refait surface. J'ai la conviction qu'il est temps que j'accepte de mourir. Je me vois sur un lit de mourante, et je revis les derniers jours de la vie de ma sœur aînée à l'hôpital. Je vois sa lutte pour vivre encore, durant les trois derniers jours de sa vie.

Soudain, je me trouve placée à l'extérieur de mon corps, comme dans un face-à-face avec lui. Je peux voir mon corps tout entier. J'ai alors conscience que le "Je", ce "Moi" qui voit mon corps, c'est moi. Ce "Je" est donc séparé de mon corps ! Ce constat ne me fait vivre aucune émotion. "Je" constate, c'est tout. Puis, ce "Je" voit un paquet rond accolé à mon corps, ainsi qu'un deuxième paquet rond accolé au premier. Ce "Je" perçoit que ce sont mes émotions et mes pensées. Ce "Je" se trouve en face de ces trois amas : corps, émotions et pensées. Ce "Je" les observe dans le calme absolu. L'observateur que je suis devenu, ce "Je", ne sait pas à quoi il ressemble. "Je" ne se voit pas ; j'ai uniquement un ressenti. Ce "Je", c'est moi. Il est aussi vivant que lorsqu'il est identifié à mon corps. C'est un vécu très surprenant. J'ai la sensation que mon corps est comme mort, mais que je suis bien vivante. Je suis morte et pourtant... je vis ! C'est paradoxal ! Je suis morte et ce "Je" observe ma vie ! "Je" ne raisonne pas, ne cherche pas à penser. Les pensées se limitent à ce que ce "Je" constate. "Je" ne se sent pas seul, bien qu'il n'y ait personne. "Je" ne ressent aucune peur. "Je" n'est que joie.

Puis le "Je" revient dans les trois amas. Le corps émotionnel dit : je suis bouleversé et émerveillé. Le corps mental, lui, analyse ce qui vient de se passer. Je me pince pour être certaine que je suis bien dans mon corps. Oui, j'ai tout retrouvé, même la douleur de la plaie, ainsi que tous mes attachements !

Je ressors de cette expérience avec la conviction que la mort n'existe pas, car je viens d'expérimenter que : ce "Je" ne meurt pas. Mon corps physique avec ses deux paquets associés (émotionnel et mental) est mort. J'existe autrement, dans un autre état de conscience, mais toujours avec la conscience d'exister.

J'ai le privilège de revivre souvent cet état durant toute la période où la douleur m'oblige à rester allongée, jour et nuit. C'est le début d'une grande prise de conscience. Je commence à intégrer, à vivre, ce que j'ai entendu sur la mort depuis tant d'années. Déjà vingt-deux ans plus *tôt, j'étudiais les enseignements du sage et philosophe occidental sur la mort :*

"La mort n'est qu'un changement de plan de conscience. Elle est une autre forme de vie et de privilège qui nous est accordé et qu'il nous faut honorer dans la compréhension, l'acceptation, le respect et la joie. Elle donne accès à un véritable et authentique contact avec le Divin. Nous avons peur de la mort parce que nous pensons que tout ce que nous aimons, une fois mort, va nous manquer, et aussi par peur de l'inconnu et du vide. En fait, la mort n'est rien d'autre que la continuité de l'état de pure méditation."

J'ai lu cet enseignement maintes et maintes fois, durant des années. Mais je n'avais pas accès à la compréhension du changement de niveau de conscience. Je restais figée sur ma croyance que la mort est un grand vide, une rupture. La mort était donc l'inconnu. J'étais dans cette croyance qu'à ma mort, je n'existerai plus. J'ai toujours eu, depuis l'adolescence déjà, la conviction de la réincarnation. Mais la certitude de renaître dans un autre corps ne m'a jamais enlevé la peur de la mort.

Sur mon lit de convalescente, alors que mon corps me fait terriblement souffrir, je vis un état de conscience dans lequel ce "Je" existe toujours, mais autrement. Ce "Je" ne ressent pas de douleurs. Il ne pleure pas. Il ne rit pas non plus. Ce "Je" vit la paix. Il est dans un état serein. Ce "Je" ne vit plus de dualité ; "Je" est dans l'essentiel, l'unité, la paix, dans le ressenti de la plénitude, de l'absolu, de la béatitude. Après cette expérience, j'intègre que la mort est un état, et non une fin et qu'il est possible de l'expérimenter à chaque instant. C'est cela vivre l'instant présent. Et surtout, j'accepte de voir la mort. Je l'ai vue et elle n'a rien d'effrayant. Bien au contraire ! C'est doux, paisible, rassurant.

Je comprends que toute la difficulté est d'accepter de quitter et de perdre son corps, ses émotions, donc ses désirs, ses pensées, ses attachements, ses croyances.

[...] Je repense alors à ma grand-mère paternelle. Hospitalisée à l'âge de 93 ans pour une occlusion intestinale, elle mourut une semaine plus tard. À son entrée à l'hôpital, elle confia à ma sœur : "Je ne veux pas mourir." Au bout de quelques jours de douleurs atroces, ma grand-mère appelait la mort. Elle ne s'était pas préparée à la mort. La mort était un sujet tabou dont on ne parlait pas dans ma famille. Nous étions baptisés, catholiques, mais pas convaincus de l'existence d'un paradis, ni d'un enfer ! Pourquoi, en l'espace de quelques jours, ma grand-mère est passée du rejet à l'appel de la mort ? A-t-elle eu l'espoir de rejoindre le paradis ? Ou a-t-elle tellement souffert dans son corps, qu'elle a accepté l'ultime solution pour sortir de cette souffrance, la mort, donc la perte de ce corps ? Je pense que le vécu de ma grand-mère n'a rien d'exceptionnel. Comme la majorité des êtres humains face à la mort, elle a eu besoin de la souffrance pour accepter de mourir. Et moi qui étais très attachée à ma grand-mère, j'ai eu besoin de voir qu'elle-même appelait la mort. Je m'étais dit alors : "Elle a assez souffert." Et j'ai accepté sa mort. Sa souffrance m'a fait accepter sa mort. J'avais alors 33 ans. Je croyais encore qu'en vieillissant, l'être humain se résignait et parvenait à l'acceptation de la mort. Celle de ma grand-mère m'a sortie de cette illusion. Et durant les années qui ont suivi, j'ai recherché comment me préparer à ma mort et à celle de mes proches. Je ne voulais pas avoir besoin de souffrir pour

accepter de mourir. Je souhaitais que mes proches ne pleurent pas ma mort. Il me fallait réaliser cela de mon vivant. J'avais conscience que cette démarche allait être, pour moi, aussi périlleuse que l'ascension de l'Himalaya car je démarrais à l'altitude zéro ! [...] J'ai le privilège d'accéder, durant quelques instants à cet espace de liberté où toutes les attaches ont disparu. Alors que je suis encore en pleine ascension de l'Himalaya, je suis propulsée au sommet, durant un court instant ! C'est une aide précieuse que je reçois. Je vis cette expérience comme un cadeau, qui me confirme que je suis aimée, non pas d'un "prince charmant", mais du Divin. Je suis émerveillée et emplie de gratitude. Avant ce vécu, la mort restait un espace inconnu, un vide qui me donnait la sensation de solitude, malgré tous les éclairages que j'avais reçus sur ce sujet.

Maintenant, je sais.

J'ai la certitude qu'à ma mort, je me retrouverai, dans ma véritable identité. Je vis ce que le sage et philosophe révèle dans cette pensée :
"Lorsque l'instant de notre mort est venu, nous avons enfin l'opportunité d'une véritable rencontre avec Soi.

Ce sont toutes nos croyances durant notre vivant qui incitent le doute, la peur et le scepticisme à prendre le dessus. Les croyances nous baignent dans un océan d'illusions phénoménales et irréversibles. À l'instant de la mort, la Conscience pure, éclairée, annihile le pouvoir et les effets du mental. Ces derniers instants peuvent alors être vécus dans la sérénité, l'humilité, la béatitude, l'état de félicité. Seules la Vérité et la Connaissance (Lumière) possèdent le divin pouvoir de nous permettre de vivre l'expérience de notre mort dans la confiance, la joie et la dignité. Il faut oser penser à la mort, qui est incontournable, oser en parler, oser réfléchir et méditer sur la mort."

Je ne suis pas dans un espace paradisiaque. Je ne suis pas attendue par une divinité personnifiée, ni par mes ancêtres, ni par des parents et des amis proches, morts avant moi. J'ai retrouvé le "Je" réel.
Je prends conscience qu'il est impératif de se préparer à bien mourir. Je comprends alors que quelles que soient les crises que peut vivre un mourant dans les instants précédant sa mort : doute, peur, désespoir, tristesse... à l'instant même de son dernier souffle, il trouve la paix.

Dans son ouvrage, "La mort, l'ultime illusion", Bhagwan Shree Rajneesh, sage oriental de renommée internationale, enseigne que :
"La méditation et la mort sont deux expériences fort proches. La mort dissout l'ego, il ne reste que votre être pur. C'est la même chose dans la méditation : disparition de l'ego et seule présence de l'existence, de votre être véritable. La mort vous sépare de votre corps, de votre mental, de tout ce qui n'est pas *vous*. Mais elle le fait contre votre gré. Vous résistez, vous ne voulez pas être séparés, vous refusez, vous ne vous laissez pas aller. La méditation introduit elle aussi une distance entre votre personnalité, ce qui n'est pas vous, et votre être réel. Mais il n'y a pas de résistance. C'est la seule différence. À la place de la résistance, il y a un immense acquiescement, un désir ardent, un accueil passionné. Vous souhaitez cette séparation, vous l'appelez du fond du cœur. L'expérience est la même : ce qui est faux est séparé de ce qui est réel en vous."

Tandis que j'écris ces mots, je suis troublée par ton expérience, vécue en toute conscience.

- oOo -

Le Dr Mouysset écrit : « Le cancer n'est pas la seule maladie à entraîner de la souffrance, mais de par l'omniprésence de la mort, aucune autre maladie ne confronte autant à un bouleversement de la vie entière. » Il ajoute : « La question de la mort est irrémédiablement posée, même si beaucoup vont tout faire pour l'éviter et l'oublier. »[13]

Quelles que soient nos croyances, nos origines, notre environnement social, nos richesses, notre métier, notre notoriété… tous sans exception, nous avançons vers cet ultime seuil, sans aucune forme de discrimination ni de sélection. La mort a ce grand pouvoir d'annihiler radicalement toute différence.
Quelles que soient nos conceptions religieuses ou philosophiques, l'unique certitude absolue sur l'avenir qui nous soit accessible, est bien celle de la mort.

Depuis quelques jours, tu es désormais ce « Je ». Mais, tu ne reviendras plus… du moins pas dans ce corps. Cependant, depuis ton départ exceptionnel (raconté dans quelques chapitres), je perçois une *connexion* avec toi, « un mystère presque aussi troublant que celui de la mort » (Proust). Je suis parfois dans l'évidence… parfois dans le doute, au point de vouloir renoncer à écrire ce livre. Je vis le doute.
Et dans le doute, je vis l'isolement.

---

[13] « Devenir acteur de sa guérison, avec l'Accompagnement thérapeutique » - Dr Jean-Loup MOUYSSET

Le doute déconnecte. Je me souviens alors :

« Écris un livre, le Chant du Grand Duc. »

Je me ressaisis, et soudainement, j'ai l'idée de rechercher des études scientifiques sur la mort et la réincarnation. Mes premières investigations me conduisent rapidement aux travaux sur les expériences de mort imminente (EMI) de plusieurs auteurs scientifiques, dont Raymond Moody, docteur en philosophie et médecin américain. Je prends conscience que je ne m'étais jamais intéressée au sujet, enfin jusqu'à aujourd'hui.

Alors que je poursuis mon étude, je suis attirée par le neurochirurgien et professeur de neurochirurgie à Harvard, Eben Alexander. Auteur de « La preuve du paradis – Voyage d'un neurochirurgien dans l'après-vie », il affirme avoir vécu l'expérience de la mort au cours d'un coma profond d'une semaine, provoqué par une forme de méningite rare. Je suis curieuse de connaître son histoire personnelle sous l'angle du spécialiste du cerveau.

Je découvre également une conversation entre les deux auteurs, Alexander et Moody, retranscrite dans un ouvrage, « L'évidence de l'après-vie ». En introduction, le journaliste Jocelin Morisson écrit que l'expérience d'Eben Alexander « l'a transformé à jamais, balayant ses certitudes rationalistes forgées par quinze ans de pratique et d'enseignement de la chirurgie universitaire »[14].

---

[14] « L'évidence de l'après-vie – Conversations entre Eben Alexander et Raymond Moody » - par les Drs Eben Alexander et Raymond Moody.

> Tu me sais passionnée par le cerveau depuis longtemps.
> Après des années de recherches personnelles, pratiques et
> études assidues, nous étions parvenues à concevoir que le
> cerveau ne produit pas tout, notamment l'Esprit ou Âme ou
> Conscience, indépendant(e) et préexistant(e) à lui. Cette vi-
> sion s'inscrit dans la logique des vies successives et de la
> continuité d'une forme d'existence au-delà du corps, qui in-
> duit un *Principe* spirituel, animateur ou vital, qui donne vie
> à l'intégrité physique des organismes.

Je poursuis ma lecture et j'apprends que l'expérience du neurochirurgien l'a conduit à une grande remise en question : « Il
était clair comme du cristal que mes concepts de conscience, de
cerveau, d'esprit et d'âme étaient complètement faux, et que le
cerveau ne crée pas la Conscience. »[15] Je ne cherchais pas véritablement de preuves scientifiques sur le sujet. Mais aujourd'hui, cette *rencontre avec la mort* me bouscule. Apprendre
est une étape ; expérimenter en est une autre. Son témoignage
me conforte dans mes convictions d'une alliance nécessaire
entre *Science et Conscience*.

Par ailleurs, la description de son vécu ressemble à ta propre
expérience postopératoire. Comme toi, il dit « ne pas avoir eu
de conscience corporelle ; j'avais seulement conscience

---

[15] « L'évidence de l'après-vie – Conversations entre Eben Alexander et Raymond
Moody » - par les Drs Eben Alexander et Raymond Moody.

d'exister »[16]. Dans son ouvrage, il nous livre son expérience avec ce « Je », ce sentiment de présence au-delà du corps :
« Je n'avais pas de corps, pas dont j'avais conscience en tout cas. J'étais simplement… *là*… Quand cela se produisait, au moins dans un premier temps, j'étais là, j'avais l'impression (quel que soit ce « Je ») que j'avais toujours été là et que je continuerais toujours à l'être. »[17] L'état est identique à ta propre description : *« J'existe autrement, dans un autre état de conscience, mais toujours avec la conscience d'exister. »*

Nous effleurons « la plus grande énigme de tous les temps » (Dr Charbonnier). Nous effleurons LE changement le plus vertigineux que tout être humain est prédestiné à vivre… inéluctablement. Tous, sans exception, nous franchirons *la grande porte* et alors, nous saurons.

- oOo –

« Peut-on vraiment parler de mort ? »
Dr François Lallier

---

[16] « L'évidence de l'après-vie – Conversations entre Eben Alexander et Raymond Moody » - Drs Eben Alexander et Raymond Moody.
[17] « La preuve du paradis – voyage d'un neurochirurgien dans l'après-vie … » - Dr Eben Alexander

IV.
21 JOURS

2021… Dix années se sont écoulées avec le cancer, dans une réflexion continue sur la maladie, sur la vie et sur la mort ; à la recherche du sens sous-jacent, caché derrière les apparences. Ainsi, nous arrivons à ce matin inoubliable, qui nous précipitera intensément et inéluctablement… au seuil de *la grande porte*.

- oOo -

Les urgences

Un matin de juillet, je viens prendre de tes nouvelles avant de me rendre à mon travail. Je te retrouve dans ta chambre où se sont accumulés avec les années, boîtes de médicaments, matériels médicaux, ordonnances, résultats d'examens…
Le cancer s'est disséminé en toi, assiégeant ton corps de toute part ; également autour de toi : dans la chambre, la cuisine, le réfrigérateur, les placards à vaisselle ; dans le salon, la salle de bains…

Tu es allongée dans ton lit. Ton ventre a gonflé. Tu me dis avoir mal dormi et tu ajoutes : « Quelques douleurs. »
Je te demande si elles se sont calmées depuis. Tu me réponds un « oui » qui ne me convainc pas ; des crispations contenues sur ton visage m'indiquent, malgré toi, une forte douleur. Mais tu persistes à me dire que tu vas bien.
Non ! Tu n'es pas bien. J'en suis certaine. J'alerte ton mari. Il propose immédiatement de t'emmener aux urgences. Tu refuses catégoriquement de retourner à l'hôpital. Une consultation avec ton oncologue est prévue dans quelques jours ; tu veux attendre le rendez-vous. Ton mari insiste néanmoins avec délicatesse. Résignée, tu te lèves et te prépares, mais tu refuses

de prendre une valise. Il insiste à nouveau, au cas où des examens nécessiteraient de rester une nuit. Je t'accompagne à la voiture. Nous échangeons un dernier regard. Durant ces dix années, nous t'amenions parfois à l'hôpital, lorsque tu avais des crises de douleurs nécessitant un suivi hospitalier urgent, mais…

Ce matin-là, je te regarde partir. Un pressentiment… et je pense soudainement à ta mère, décédée il y a trois jours des suites d'une succession d'AVC. Elle était alitée depuis des mois à son domicile. Il y a trois jours, tu me disais : « Elle s'est éteinte dans son coma, comme une bougie, paisiblement. »

Alors que tu pars aux urgences aujourd'hui,
ta famille se prépare, à quelques kilomètres,
à l'incinération de ta maman.
La simultanéité des événements renforce le trouble.
Je sais que ce départ sera différent des autres…

Arrivée aux urgences, tu es rapidement prise en charge. Je suis au bureau. La journée est bien chargée de tâches et de réunions. J'attends de tes nouvelles. Un ami proche commun me transmet le diagnostic : une occlusion intestinale, conséquence du cancer qui s'est étendu au péritoine.

> Il y a parfois des mots qui restent suspendus : on les entend, sans véritablement distinguer leur sens… une manière de les recevoir sans véritablement les saisir sur le moment ; une manière de s'accorder un sursis… de sens.

Je te rends visite le lendemain à l'hôpital. Ta chambre est dans une aile de l'établissement récemment construite. Elle est spacieuse, propre, calme. Tout est neuf. Tu es bien installée. Deux médecins, un homme et une femme, entrent dans la chambre. Je perçois leur malaise, surtout celui de la femme. L'homme est un spécialiste du système digestif. Non sans une certaine gêne, la médecin commence par vérifier que tu as bien conscience de la gravité de ta situation.

Tu acquiesces, sans commentaire.

Le médecin qui l'accompagne poursuit. Son langage médical est difficilement accessible à la profane que je suis. Il parle vite, trop vite. Néanmoins, je parviens à comprendre qu'il t'annonce ne pas envisager d'opération ni rien d'autre d'ailleurs.

Tu les écoutes dans le silence.

As-tu bien mesuré l'annonce sous-entendue qu'ils viennent de faire ? Je n'en suis pas certaine. J'évite alors de les questionner. Je reste en retrait, bien que remuée intérieurement.

Pour la suite, tous deux se déchargent sur ton oncologue avec lequel ils sont déjà en relation. Ils prévoient d'organiser ton transfert à l'hôpital où il exerce. Tu ne les questionnes pas. Tu restes distante. Tu leur dis attendre l'avis de ton médecin en affirmant « ton entière confiance en lui ».

Tu le répètes plusieurs fois.

- oOo -

Je profite de ce passage de l'histoire pour parler de ton oncologue, le Dr Jean-Loup Mouysset, rencontré tardivement dans l'évolution de ton cancer. Avec lui et lui seul, tu accepteras les options thérapeutiques telles que la radiothérapie, la chimiothérapie, l'hormonothérapie ou l'immunothérapie.

Pour comprendre, nous devons remonter aux premières années qui ont suivi l'annonce du cancer. Tu décris tes peurs :
« Je mets donc de côté la réflexion sur la mort et je décide de réagir. Mais comment ? J'ai trop vu de personnes de mon entourage mourir du cancer bien qu'elles aient reçu tous les traitements préconisés. J'ai vu aussi celles qui étaient déclarées en rémission au bout de cinq ans et qui ont récidivé la sixième année. J'ai vu les souffrances créées par les effets secondaires de ces traitements. J'ai vu ma sœur s'affaiblir de jour en jour jusqu'à sa mort, après avoir subi la radiothérapie qui lui avait brûlé les poumons. Atteinte d'un cancer de la lymphe, elle avait suivi tous les traitements donnés par les plus grands spécialistes. Son combat a duré dix ans. Les rayons lui avaient brûlé 75 % des poumons. Mon premier cancer s'est déclaré trois mois après son décès. »

Je te revois paralysée, terrorisée par les effets secondaires des traitements qui t'étaient alors proposés. Tu étais complètement bloquée, malgré les pressions autour de toi afin de te convaincre… « Des souvenirs conservés par une mémoire indéfectible »[18]. Tes freins à ces stratégies thérapeutiques avaient fait réagir certains médecins, dont l'un d'entre eux qui, lors d'une consultation, t'avait lancé brutalement :

---

[18] « Courrier littéraire – XIXème siècle – Les romantiques » - Emile HENRIOT

« Je vous conseille de faire un scanner du cerveau, pour vérifier que vous en avez bien un. »

Démunie face à la violence et l'humiliation de ses propos, tu venais de recevoir *une claque*, qui allait marquer au fer rouge un « non » catégorique à l'ensemble de ces traitements.

Rien ni personne ne pourra te faire changer d'avis. Tu décidais alors de vivre avec la maladie, sans *l'artillerie lourde du cancer*, en faisant le choix des stratégies thérapeutiques alternatives, que tu associais à ton hygiène de vie et ta discipline spirituelle strictes. Tu vivais à ton rythme, entourée et choyée par ton mari et tes proches. Tu maintenais une énergie vitale souvent déconcertante.

Qu'est-ce qui t'avait fait céder par la suite ?

L'avancée de la maladie ? En partie sans doute mais également, et principalement, la rencontre avec le Dr Mouysset, qui restera ton médecin jusqu'à la fin. Il était le premier oncologue à t'accueillir *entière*, à l'écoute de tes peurs paniques, de tes besoins de guérison physique, émotionnelle et spirituelle. Il était le premier oncologue à *humaniser* le cancer. Je l'ai déjà cité dans cet ouvrage et j'ai l'intime conviction qu'il est important pour toi que je mette en avant son engagement entier dans une médecine holistique, « autrement dit une médecine qui s'engage à considérer le patient comme un tout »[19]. Il te faisait beaucoup de bien. Tu étais en confiance avec lui. La maladie fragilise tant, que tout en soi et autour de soi prend une ampleur

---

[19] « Devenir acteur de sa guérison, avec l'Accompagnement thérapeutique » - Dr Jean-Loup MOUYSSET

monumentale ! Le basculement entre rationalité et irrationalité guette le malade à chaque instant, sous le diktat des peurs exacerbées par le cancer. Lorsque peur de la maladie, peur de la souffrance et peur de la mort se conjuguent, elles engendrent alors une véritable *bombe émotionnelle,* menaçant d'exploser à tout instant en terreur panique. Les peurs engendrent des dégâts insoupçonnés. Il devient alors nécessaire de prendre en considération l'impact des manifestations psychosomatiques (facteurs émotionnels et psychiques), qui favoriseront, voire aggraveront le cancer, ainsi que les effets secondaires néfastes des traitements.

Le médecin devient le personnage central de l'histoire, tant sur un plan physique que psychologique. Avec toi, j'ai compris à quel point il est important de le souligner.

Le Dr Mouysset a su désamorcer la bombe. Tu as accepté les stratégies thérapeutiques qui t'effrayaient tant, soutenue par son humanisme, son empathie et son écoute. À ce sujet, l'un de mes mentors, Carl Rogers, a consacré sa vie à cette écoute et à cet accueil inconditionnel de la personne. Ses résultats témoignent de l'importance de la posture du thérapeute sur l'évolution du *patient,* terme d'ailleurs remis en question par Rogers.

Edwin Kahn écrit dans son étude scientifique, « Carl Rogers, plus pertinent que Freud » : « Rogers n'aimait pas le terme "patient", car il ne pensait pas que les personnes qui avaient des problèmes émotionnels étaient "malades". Il n'avait aucun désir "d'analyser" les gens. Il était contre le modèle médical qui faisait du docteur un expert au pouvoir considérable. Rogers cherchait à donner aux individus leur propre pouvoir en les écoutant, les estimant et en leur faisant confiance. »[20]

Ainsi, ton oncologue t'écoutait sans te juger, sans te violenter, sans t'humilier. Dans son ouvrage, il présente son programme et décrit sa vision de l'accompagnement thérapeutique. Il est le fondateur des « Centres Ressource »[21], qui accueillent les personnes atteintes du cancer en leur proposant des thérapies complémentaires et en offrant un soutien collectif aux malades et à leur famille. « Le Dr Jean-Loup Mouysset a pris le parti de soigner des malades et non des maladies, afin de remettre l'humain au cœur des soins. »[22] Son programme repose « sur certains concepts issus de différents courants, dont l'empathie et le regard positif inconditionnel définis par C. Rogers (1957) », comme il le présente dans son ouvrage.

Je conclus ce sujet de la relation thérapeutique avec ce magnifique texte de Carl Rogers : « *J'aime être entendu… Un certain nombre de fois dans ma vie, j'ai eu l'impression d'être écrasé par des problèmes insolubles, ou bien de tourner en rond dans des cercles infernaux.*

---

[20] « Carl Rogers plus pertinent aujourd'hui que Freud » - Edwin Kahn, traduction Françoise Ducroux-Biass - ACP-PR | « Approche Centrée sur la Personne. Pratique et recherche »

[21] Fédération Ressource – Un autre regard sur le cancer : voir «Annexe ».

[22] 4ème de couverture du livre « Devenir acteur de sa guérison, avec l'Accompagnement thérapeutique » - Dr Jean-Loup MOUYSSET.

Pendant une certaine période, accablé par des sentiments d'indignité et de désespoir, j'ai même été certain de sombrer dans la psychose.

Je considère que j'ai été plus heureux que d'autres en rencontrant à ces moments-là des personnes qui ont été capables de m'entendre et de me délivrer du chaos de mes sentiments. J'ai eu la chance de trouver des personnes qui ont pu entendre plus profondément que moi-même le sens de ce que je disais.

Ceux-là m'ont écouté sans me juger, sans porter de diagnostic sur moi, sans m'apprécier, ni m'évaluer. Ils m'ont simplement écouté, ils ont clarifié ce que je disais et ils m'ont répondu à tous les niveaux où j'essayais de communiquer. Je puis vous assurer que lorsque vous vous trouvez dans un tel désarroi psychique et que quelqu'un vous écoute réellement, sans porter de jugement sur vous, sans essayer de prendre sur lui vos responsabilités, sans essayer de vous façonner, cela fait rudement du bien.

Chaque fois, cela a relâché la tension qui existait en moi. Cela m'a permis d'exprimer les sentiments effrayants que j'éprouvais, les sentiments de culpabilité, de désespoir, les confusions qui avaient été mon lot. Quand j'ai été écouté et entendu, je devenais capable de percevoir d'un œil nouveau mon monde intérieur et d'aller de l'avant.

Il est étonnant de constater que des sentiments qui étaient parfaitement effrayants deviennent supportables dès que quelqu'un nous écoute. Il est stupéfiant de voir que des problèmes qui paraissent impossibles à résoudre deviennent solubles lorsque quelqu'un nous entend, et que des situations qui semblent irrémédiablement confuses, soudain s'éclaircissent lorsque l'on nous comprend. J'ai profondément apprécié les occasions où j'ai rencontré cette écoute sensible, empathique, qu'on voulait bien me consacrer. »[23]

---

[23] Carl ROGERS – « J'aime être entendu » extrait de « Liberté pour apprendre »

Lorsqu'un pronostic vital est engagé, les *traitements humains* centrés sur la personne tels que l'écoute, l'accueil inconditionnel sans jugement et l'empathie, deviennent le socle de toute forme de thérapie.

- oOo -

Après cette parenthèse sur cette rencontre tellement importante pour toi, je reviens aux urgences. Le lendemain j'accompagne ton mari à l'hôpital. Nous rencontrons la médecin urgentiste. Nous lui demandons son diagnostic. Elle est toujours en relation avec ton oncologue. Nous apprenons qu'il ne peut pas t'accueillir à son hôpital : son service cancérologie vient d'être contaminé par la Covid-19. Nous sommes en pleine crise pandémique, à laquelle s'ajoute un cruel manque de personnel soignant. Il est complètement submergé. Néanmoins, il répond à nos appels et cherche des solutions. En attendant, la médecin urgentiste nous explique que l'unique préoccupation de son équipe est de trouver un protocole afin de contrôler la douleur. La priorité est de préserver ton confort. Le discours n'est pas très clair. Progressivement, il se précise : le corps médical ne parle plus de guérison, mais de soins palliatifs.

Rentrée chez moi, je me renseigne sur le sens et le contenu précis des *soins palliatifs.* Mes premières recherches sur internet aboutissent à un article :« Qu'appelle-t-on soins palliatifs et accompagnement ? Les soins palliatifs sont des soins actifs délivrés dans une approche globale de la personne atteinte d'une maladie grave, évolutive ou terminale. L'objectif des soins palliatifs est de soulager les douleurs physiques et les autres symptômes, mais aussi de prendre en compte la souffrance psychique, sociale et spirituelle. »[24]

Même si les mots n'ont pas été explicitement exprimés à l'hôpital, tu es considérée… *en fin de vie.*

D'un point de vue médical, la suite est désormais sans retour possible.

Je poursuis et au hasard de mes recherches, je découvre un second article qui répond à la question : « Peut-on rester longtemps en soins palliatifs ? »

La réponse… « Il n'y a pas de règle, cependant on estime que les soins palliatifs ont une durée moyenne de 18 jours, mais cela peut être plus ou moins selon les patients. En effet, des études médicales ont démontré que les patients qui bénéficient de soins palliatifs peuvent vivre jusqu'à deux mois de plus que ceux qui n'en reçoivent pas. »[25]

… 18 jours ! Je lis. Je relis.
Je retiens… 18 jours.

Le choc d'une échéance ! Je pense alors que c'est de l'info internet ! Néanmoins, ces 18 jours résonnent en moi comme un pronostic. *Je doute, mais je reconnais cette résonance intérieure.*

---

[24] Source : http://www.sfap.org/rubrique/definition-et-organisation-des-soins-palliatifs-en-france

[25] Source : https://reassurez-moi.fr/guide/mutuelle-sante/soin-palliatif

Qu'est-ce que 18 jours dans une vie ? Des vacances, la routine quotidienne !

Là… ils deviennent l'avenir,

à durée déterminée.

Je suis profondément troublée. Avant ton départ précipité aux urgences, la situation se dégradait lentement. Tu oscillais entre des phases de mal-être et de répit. Tu vivais à ton rythme. Cela aurait pu durer ainsi longtemps.

Subitement : 18 jours. L'échéance tombait comme le coup de maillet du juge dans un tribunal, marquant la fin des délibérations. Le verdict semblait acté.

> Effectivement… ces 18 jours se confirmeront et,
> plus précisément… 21 jours.

- oOo -

Pendant que je m'efforce de suivre le rythme, d'intégrer cette déferlante d'informations objectives et subjectives ; toi, tu n'as qu'une seule et unique priorité, quasi-obsessionnelle : sortir de l'hôpital.

Tu m'appelles une nuit :

« Pourquoi on ne me renvoie pas à la maison ? » me demandes-tu en sanglotant.

Je t'explique calmement que ta sortie nécessite un accord médical. Il s'agit de contrôler la douleur en premier lieu avant d'envisager une sortie. L'équipe médicale et ton mari doivent être certains d'un protocole qui stabilisera les crises aiguës. Mais pour toi : « Il suffit d'installer les pompes à produits à la maison. » Le décalage entre tes propos et la réalité de la situation demande à bien peser les mots.

- oOo -

Quelques jours après, ton mari échange à distance avec ton oncologue. Les traitements sont arrêtés. Il n'est plus question de soigner, mais de préparer... les soins palliatifs.

LE PACTE

En attendant la suite, tu restes finalement dans le même hôpital où tu es transférée des urgences à un autre service. Le suivi médical est immédiat car les douleurs sont imprévisibles et rapidement insoutenables. Tu es soulagée de nous savoir proche de toi. Nous nous organisons afin d'être à tes côtés chaque jour.

Lors de mes passages, nous nous adaptons à ton état physique, aux interventions médicales, jusqu'à ce jour où un échange nous amène à parler de la mort. Depuis dix ans, le sujet se glissait régulièrement dans nos conversations, davantage depuis quelques semaines. Mais ce jour-là, je suis près de toi dans la chambre, assise sur ton lit ; il règne une atmosphère de paix et de douceur ; pas d'allers et retours du personnel soignant dans la chambre ni bruits autour de nous ; une sorte de cocon douillet et protecteur. Dans cet environnement particulièrement calme, cet échange sur la mort nous *transporte* hors du temps et de l'espace, hors de l'hôpital. Nous en parlons avec une simplicité déconcertante, telle une libération, un retour *chez soi*, un espace sans corps et sans douleur.

« Le corps fait mal », me dis-tu.

Tu es souriante et si belle malgré le cancer qui a atteint ton visage. Ton regard est lumineux ; à nouveau une situation paradoxale entre la sordide avancée de la maladie et ton état d'être, aux antipodes de l'état du corps.

Dans ce nid relationnel douillet, petit à petit et sans jamais l'avoir pensé jusqu'alors, notre échange aboutit naturellement, presque candidement, à un pacte :

« La première qui partira, fera en sorte
de se mettre en relation avec l'autre. »

Tandis que nous prononçons ces mots puissants, nous nous prenons les mains en nous regardant intensément dans les yeux, à la manière d'une promesse solennelle.

- oOo -

En décrivant cet instant unique et inoubliable aujourd'hui, je me souviens de cette sensation d'évidence que je ne saurais toujours pas expliquer : deux sœurs se préparaient à une séparation, sans qu'elle n'en soit véritablement une. Indéniablement, leur pacte venait de transformer l'isolement terriblement angoissant de la perspective de la mort, en la certitude d'exister différemment, immuablement reliées.

Durant cet instant de *connexion*, je n'ai jamais eu le sentiment que nous serions un jour séparées. Jamais.

- oOo -

Avec le recul de l'écriture aujourd'hui,
je nous vois déjà entre deux dimensions.
De ton vivant, c'était troublant.
Depuis ton départ, c'est bouleversant.

L'ACCUEIL

Tu veux envers et contre tout rentrer chez toi. Tu dis à mon conjoint d'un ton déterminé : « J'y compte bien ! » Ton mari s'active afin que tu puisses bénéficier de « l'hospitalisation à domicile » (appelée HAD), qui te sera accordée. Le personnel mobile des soins palliatifs le prévient que l'HAD est « invasive ».

Dès lors, nous nous organisons afin d'assurer un accompagnement chez toi 7/7, 24/24 ; nous formons deux équipes afin d'assurer une présence continue jour et nuit. Nous décidons de transformer une chambre de ta maison, une suite parentale plus accessible pour le personnel soignant. Nous la vidons dans la journée. Le lendemain, un transporteur livre le matériel hospitalier : un lit médicalisé, les pompes, l'oxygène, un fauteuil médical, une chaise pour la douche, etc. Nous aménageons des étagères pour stocker les accessoires de soins et de toilettes, ainsi que les changes de serviettes, de draps et de tenues. En un temps record, la pièce est transformée en chambre d'hôpital. Les infirmier(e)s déposent des colonnes à tiroirs remplis de matériel médical. Nous récupérons à la pharmacie un énorme sac de médicaments, que nous pensons être pour un mois : « Prescription pour 7 jours ! » nous dit la pharmacienne. Notre meilleure amie, notre *chef cuisinière*, prépare dans le même temps tes plats préférés. Nous sommes prêts à t'accueillir. Tu arrives en ambulance en fin d'après-midi, plus tard que prévu à cause d'un petit *bug* d'organisation à l'hôpital. Le voyage t'a été pénible. Dès ton arrivée chez toi, ton état requiert une vigilance soutenue afin d'assurer dans les meilleures conditions ton installation. Un infirmier met immédiatement en route les pompes. Une équipe médicale t'est dédiée et s'empresse autour de toi. Après avoir vérifié le bon fonctionnement des appareils et ton confort, l'infirmier part en prenant soin de nous transmettre les dernières consignes, ainsi que les numéros à appeler jour et nuit en cas d'urgence.

Te voilà enfin chez toi ! Tu attendais ce moment… depuis ton départ aux urgences finalement, il y a quinze jours. Tu es installée dans ton nouveau lit face à la fenêtre, entourée de ceux que tu aimes. Tu apprécies ta nouvelle chambre. Tu te sens bien, sans douleurs, soulagée physiquement et psychologiquement. Ton mari s'affaire afin de combler le moindre de tes besoins. Tu manges un peu de pastèque. Tu te régales de son jus. Tu *savoures* cet instant, comme tu le dis souvent dans ces moments de répit.

Puis, soudainement, tu attires notre attention sur un chant d'oiseau particulier :
« Le chant du Grand Duc ! », nous dis-tu.
Dans le silence, nous l'écoutons avec toi.

Dans le passé, il t'arrivait parfois, lors de nos échanges, d'imposer subitement le silence à l'écoute du chant d'un oiseau. Tu levais la main, signe qui marquait l'arrêt de toute discussion. J'attendais, patiemment… J'avoue humblement mon désintérêt à cette époque, malgré ta passion pour l'ornithologie. Ayant grandi au cœur de Lyon, ma connaissance des oiseaux se limitait aux pigeons et aux moineaux, que je n'entendais pas d'ailleurs ! Probablement le ronronnement permanent de la ville !

À cet instant, alors que tu savoures ce moment de répit après ce transfert éprouvant, tu stoppes net les échanges afin d'écouter le chant d'un rapace nocturne que je découvre : le Grand Duc. Tu nous racontes avoir fait des kilomètres en France dans ta jeunesse, armée de patience et de tes jumelles, afin de l'observer. Nous te voyons considérablement touchée de l'entendre, pour la première fois, et près de chez toi de surcroît ! Aujourd'hui, c'est lui qui vient à toi.
« À une saison inhabituelle ! », nous dis-tu calmement. Nous sommes au mois d'août.

Je saisis, sans pour autant l'expliquer, que nous vivons un moment très particulier et important. À peine installée, tu entends pour la première fois près du domaine, le *ouh ouh* d'un Grand Duc. Malgré mon ignorance de la vie des rapaces et des oiseaux en général, je relève la remarquable *coïncidence*. D'ailleurs, elle n'échappe à personne. Le timing est d'une telle précision !… Comme si le Grand Duc avait attendu que tu arrives et que tu sois confortablement installée.

Je sors alors dans le jardin pour mieux l'entendre. Je suis immédiatement fascinée par la puissance du chant, une présence rayonnante et imposante, bien qu'invisible ! Ainsi… j'écoute le chant d'un Grand Duc. C'est inédit pour moi ! Mais le plus surprenant est que je cherche à comprendre son langage, comme si je détectais intuitivement… un message !
Je ne sais pas l'expliquer. C'est ainsi et c'est troublant.

Je reconnais qu'à force de te côtoyer, tu m'avais sensibilisée à la nature, ses trésors et sa diversité, à la nécessité de la protéger, de la respecter. J'avais alors quitté la ville pour la campagne. Je découvrais un mode de vie différent, mais tellement plus cohérent ! Grâce à vous, ton mari et toi, mes enfants avaient échappé aux pots d'échappement. Ils grandissaient au milieu des arbres, construisaient des cabanes. Ils profitaient pleinement de leur vie d'enfants puis d'adolescents, loin de la pollution urbaine.
Toi, ingénieure agronome/enseignante, sans enfants, disponible ; moi, souvent en déplacements professionnels, nous avions partagé l'éducation de mes enfants. Tu étais devenue leur seconde mère.
Tu étais parvenue à me sensibiliser à la relation avec les arbres. Cependant, je n'avais pas, jusqu'alors, créé de contacts particuliers avec l'espèce « oiseaux ».

Malgré tout, en ce début de mois d'août, me voici dans le jardin à écouter un rapace au chant particulièrement puissant, et je cherche à le comprendre inopinément, comme si cette activité m'était naturelle et habituelle. Particulièrement troublée, je reviens dans la chambre et partage ce moment exceptionnel qui t'est dédié : le chant du Grand Duc à ton arrivée. Tu nous dis alors qu'il te souhaite la bienvenue. Immédiatement et sans pouvoir m'appuyer sur des arguments rationnels, je pense… qu'il vient également te chercher. La fulgurance de cette pensée me déstabilise. Je la mets de côté.

Tu es là. Tu *savoures* ce moment.

Le soir même, j'ai une sorte de *besoin irrépressible* de me documenter sur ce rapace nocturne. La résonance de son chant persiste en moi. J'apprends qu'il est le plus grand et le plus fort d'Europe. Son chant peut être entendu jusqu'à 4 kilomètres à la ronde. Il serait qualifié d'« aristocrate ». Je le surnomme alors le *Prince.*

Doté d'une vision nocturne parfaite, ses grands yeux orangés lui confèrent un regard intimidant, hypnotique et mystérieux. Il serait considéré en Chine comme un oiseau sacré, emblème de la renaissance et du triomphe de la lumière.

En écrivant ce passage aujourd'hui, je me souviens qu'un ami commun t'avait offert, il y a quelques années, un grand puzzle qu'il avait lui-même réalisé patiemment. Il s'agissait d'un poster de la tête du Grand Duc.

En repassant le film de notre vie, il ressortirait un fil conducteur, comme si un *metteur en scène avait organisé l'histoire,* depuis longtemps. Le Grand Duc était déjà là, au quotidien, nous observant de son regard perçant. Depuis ton départ, j'ai retrouvé le poster rangé derrière un meuble. Je l'ai accroché dans mon bureau. Désormais « le nocturne géant me fixe de ses prunelles vastes comme des phares » (Clancier).

Le lendemain, je partage avec toi mes nouvelles connaissances sur le Grand Duc : « Tu en sais plus que moi désormais ! », me dis-tu en souriant. Nous l'entendons les deux soirs qui suivent ton arrivée sur le domaine. Je ne me lasse pas de ces instants d'écoute dans un silence profond : tu es allongée face à la fenêtre ouverte… absorbée par le chant qui te fait du bien. Mais je sais, *sans savoir pourquoi je sais*, que je l'entendrai une nouvelle fois cet été, avec cette pensée désagréablement persistante qu'il annonçait venir te chercher.

À cet instant de l'histoire, je suis interpellée par l'entrée imprévue et magistrale de ce *Prince* dans notre vie… sans mesurer encore l'impact de cette *rencontre*, qui changera mon regard sur la vie et sur la mort !
Elle se révélera plus tard une sorte de *supra-connexion*, telle « une réalité supra-humaine » (Beauvoir).

Mon attention intensément concentrée sur toi, je m'extrais de cet afflux soudain d'événements, d'informations et de coïncidences que je saisis, sans pour autant leur donner un sens rationnel.

- oOo -

Puis, le Grand Duc se taira.
Je ne te parlerai jamais de ces 18 jours
qui finalement seront, 21 jours,
et qui débutent... maintenant.

D*ECLIN PHYSIQUE*

Ton mari et tous vivons au rythme quotidien des allées et venues des infirmier(e)s et des aides-soignantes, à raison de cinq passages par jour de 8 heures du matin à minuit, davantage dans les cas d'urgence.

À ton arrivée, tu te levais péniblement, avec un soutien pour te rendre aux toilettes. Dès le lendemain, des douleurs aiguës se manifestent. Les équipes de l'HAD interviennent. Une journée torturante qui nous inquiète quant à la perspective d'un avenir infernal, si les douleurs ne pouvaient pas être mieux contrôlées. Finalement, les équipes médicales parviennent à les stabiliser. Le changement de lieu et le stress du voyage ont dû contribuer à ces crises. Le surlendemain, tu ne parviens plus à te lever. Le déclin physique est vertigineusement rapide. Nous devons suivre et nous réadapter chaque jour.

Nous avions installé un fauteuil médicalisé dans ton salon. Le parcours avait été organisé afin que tu puisses t'y rendre sans efforts. Tu aimais tant ces moments près de lui : vous lisiez dans le silence, puis vous échangiez longuement ; vous regardiez des films, tes séries préférées ou des documentaires animaliers, qu'il recherchait pour toi. Tu attendais la fin de ses activités,

afin de te retrouver avec lui, dans le salon. Mais…
Tu n'utiliseras jamais le fauteuil.
Ta chambre et ton lit deviendront ta dernière demeure.

Tu ne mangeras plus jamais nos préparations culinaires. Tu réclames essentiellement des aliments liquides. La nourriture solide déclenche des douleurs dans le ventre qui, inexorablement, gonfle. Tu constates que ce régime, associé à des doses de morphine modérées, soutient le contrôle de la douleur. Tu le poursuivras jusqu'à la fin et tu resteras ainsi pleinement consciente, sans avoir recours aux anxiolytiques.

L'une de tes sœurs nous rejoint ; habituée à accompagner les personnes dépendantes, elle apporte son précieux soutien. Elle devient ton aide-soignante personnelle, douce et patiente. À l'aise et douée pour te bouger sans te bousculer, elle prendra le relais pour changer ton lit et faire ta toilette. Elle est à l'écoute de tes besoins quasi-permanents de présence pour boire, manger, te tourner dans le lit ou te masser. Tu es devenue une boulimique de *douceurs* et de *papouilles*, comme tu l'exprimes.

Un lien fort se crée avec les équipes médicales. Leur posture professionnelle et bienveillante est remarquable. Elles nous soutiennent. Elles relèvent ta lucidité et ta sérénité, malgré une dégradation physique fulgurante.

Jusqu'au bout, tu ne lâcheras pas, comme depuis toutes ces années de cancer. Le décalage de plus en plus tranché entre ton état physique et ton état psychique continue à dérouter. Ta personnalité est bien affirmée. Tu restes très attentive à chacune de tes réactions physiques. Tu questionnes régulièrement les infirmier(e)s sur les traitements qui te sont administrés. Un jour, tu demandes que les posologies soient diminuées, considérant que : *tu n'as plus très mal*. Ton médecin généraliste, venu en consultation à domicile, t'explique patiemment que cet apaisement se maintient grâce à ces antidouleurs ; les baisser te serait de ce fait insupportable.

Un autre jour, tu annonces à un infirmier sur un ton déterminé : « Ma priorité est de me lever et de marcher ! » Je n'oublierai jamais sa réaction ! Ces trois secondes de silence… tant ta demande est déconcertante au regard de l'état physique. Avec ton mari, ils te proposent, délicatement, des solutions afin de répondre à ta préoccupation, sans te heurter.

- oOo -

Tout va très vite, trop vite subitement !

SYNCHRONICITES

Un jour, tu me parles des émotions, et particulièrement de la culpabilité. Alors que je tape aujourd'hui ce mot sur mon clavier, je me souviens soudainement de notre première séance de tarot. Nous utilisions effectivement ce jeu comme *un outil projectif - «* qui projette des états intérieurs, suscite cette projection »[26], et non divinatoire (que nous ne pratiquions pas). Il existe de nombreuses variantes de tarots. Nous avions choisi le « OSHO Zen Tarot »[27], pour sa symbolique psychologique et spirituelle, ainsi que pour la diversité de ses thèmes. Il comprend 79 cartes commentées dans un livret de son créateur, Osho.

Le principe de la pratique est de tirer une carte dans le jeu. Après l'avoir découverte, nous laissons s'exprimer spontanément ce qu'elle produit en soi. Pas d'interprétation. Pas d'analyse. La première fois que nous utilisions ce tarot, peu de temps après l'annonce de ton cancer, tu avais tiré au hasard la carte nommée *culpabilité.* L'image qui la représente, une femme

---

[26] « Projectif » – Le Petit Robert

[27] « OSHO Zen Tarot » – marques déposées d'Osho International Fondation – Les textes commentant chaque carte sont de Osho.

s'arrachant les cheveux, ainsi que ce mot t'avaient bouleversée. Tu avais été subitement submergée par une puissante et incontrôlable émotion, sans pour autant en cerner clairement sa source. Après le passage de ce cyclone émotionnel, nous avions consulté le livret et longuement échangé sur la culpabilité.

Le souvenir de cette scène majeure me touche à nouveau et m'invite à relire le commentaire de cette carte, qui t'avait tant bousculée à l'époque. Sans hésiter, je saisis mon téléphone…

> Je précise que depuis notre première séance, j'ai téléchargé l'application « OSHO Zen » sur mon portable. Elle a une fonction « random » (aléatoire), sorte de tirage flash qui laisse l'application choisir elle-même une carte.

Je m'apprête donc à chercher la carte « culpabilité » directement sur l'application. Mais plutôt que d'utiliser la fonction « rechercher », j'appuie d'un geste rapide et involontaire sur la fonction « random ». Je maugrée après moi ! Contrariété aussitôt dégagée, lorsque la carte tirée aléatoirement par l'application apparaît sur mon téléphone…

Alors vous imaginez ma surprise, quand je découvre que sur un jeu de 79 cartes, celle qui vient au hasard du choix d'une appli, est celle que je souhaite… la culpabilité !

Stupéfaite, je fais une pause. Je suis profondément troublée par cette *coïncidence*… hautement bouleversante !

- oOo -

Tandis que j'écris *à chaud* ce moment extraordinaire, je me souviens que la culpabilité avait déjà fait l'objet d'événements particuliers dans les premiers jours d'écriture de ce livre. En effet, je débutais la rédaction d'un texte sur le sujet tout en pensant à toi. Au même moment, mon téléphone avait sonné. Je décrochais mais, silence complet au bout du fil. Un numéro de portable, inconnu, s'était affiché. Habituellement, je ne rappelais pas. Mais, à cet instant-là et sans raison finalement, j'avais rappelé. Curieusement, l'appel avait abouti à un : *pas d'abonné à ce numéro* ! Je m'étonnais de ce *sans abonné,* alors que ce même numéro venait de s'afficher sur mon portable !

Littéralement absorbée par ma réflexion que cet appel intrusif venait d'interrompre, je ne m'attardais pas à chercher à comprendre et je replongeais immédiatement dans ma rédaction. Mais, à peine reprenais-je l'écriture, sans même avoir eu le temps de taper un mot... j'étais à nouveau *interrompue* par une sorte d'effervescence d'appareils électriques sonnant dans tous les sens autour de moi, créant une ambiance véritablement particulière. Je n'étais ni préparée ni prédisposée à ce type de phénomènes.

Alors...
« *Quand le mystère est trop impressionnant* »[28]...
on fait une pause.

---

[28] Le Petit Prince - Antoine de Saint-Exupéry

- oOo –

Malgré mes résistances au surnaturel, j'avoue que la récurrence et la précision de ces coïncidences chahutent de plus en plus mon esprit rationnel, au point de lui imposer le repli de l'humilité. Lorsque le *surnaturel* s'objective, le recul et la réflexion mettent à l'épreuve le concept de *hasard*, indépendamment de toute forme de croyances.

Le mathématicien et philosophe français, Henri Poincaré, nous dit : « C'est à cause de notre faiblesse et de notre ignorance qu'il y en aurait un – hasard – pour nous. Et, même sans sortir de notre faible humanité, ce qui est hasard pour l'ignorant, n'est plus hasard pour le savant. Le hasard n'est que la mesure de notre ignorance. Les phénomènes fortuits sont, par définition, ceux dont nous ignorons les lois. »[29]

Je complète par l'histoire :

« Einstein déclare : – Dieu ne joue pas aux dés ! et montre qu'il est contre l'hypothèse aléatoire.

Niels Bohr lui répond : – Qui êtes-vous Albert Einstein pour dire à Dieu ce qu'il doit faire ?

Einstein réitère plus tard avec cette formule tout aussi humoristique : – Le hasard, c'est Dieu qui se promène incognito. »[30]

Face à cette sorte de phénomènes, j'adopte la posture du

---

[29] « Le Hasard » - Henri Poincaré – Revue de mois 3 1907, 257-256
[30] « Le guichet du savoir » - Bibliothèque municipale de Lyon – Ville de Lyon – https://www.guichetdusavoir.org/question/voir/28948

chercheur qui accueille toute forme d'informations selon ces règles : *sans accaparement,* c'est-à-dire sans chercher à cloisonner cette manifestation dans une sorte de *boîte mentale,* au risque d'une interprétation me privant de son sens originel ; *sans déni,* c'est-à-dire sans la rejeter sous prétexte qu'elle se présente hors du cadre de mes repères, référentiels, croyances. J'accepte qu'une information puisse ébranler mon système connu.

Mes études et mes recherches avaient débuté mon initiation intellectuelle à certaines lois *extra-rationnelles*[31]. Néanmoins, dans cette expérience de *connexion* dite, post-mortem, je reconnais humblement mon ignorance des lois qui régiraient ces phénomènes. Je préfère alors parler de *synchronicités* pour désigner ces *coïncidences,* terme inspiré par le médecin psychiatre suisse et penseur influent, Carl Gustave Jung. Je relève cette définition de Massimo Teodorani :

« La synchronicité survient comme une coïncidence d'événements dans l'espace et le temps, comme quelque chose qui va bien au-delà du hasard ; il s'agit d'une interdépendance particulière entre des événements objectifs, ou entre des événements objectifs synchrones et l'état subjectif de l'observateur. »[32]

- oOo -

---

[31] « Intelligence Intuitive - 1ᵉʳᵉ porte » - Cairole KRALJ

[32] « Synchronicité – Le rapport entre physique et psyché de Pauli et Jung à Chopra » - Massimo Teodorani

Entre mes perceptions et ces synchronicités, j'ai désormais la sensation profonde et prolongée d'une connexion subjective, objectivée par des événements ou phénomènes parfaitement synchrones. Malgré mes résistances et mon inconfort rationnel, il me semble franchir les frontières invisibles entre les phénomènes intérieurs et les manifestations extérieures… *Comme si, tu étais là…*

- oOo -

Dans l'ombre de la maladie…
notre ignorance des lois.

CULPABILITE

Rationnellement troublée, je reprends le fil de la réflexion et de l'écriture à leur point de départ, la culpabilité. Je déduis de ces synchronicités que le sujet doit faire l'objet d'une attention soutenue. Je poursuis et relis le commentaire de cette carte *apparue* sur mon téléphone. Osho décrit d'emblée la culpabilité comme :

« L'une des émotions les plus destructives dans laquelle nous pouvons nous enliser. » Il ajoute : « Si nous avons fait du tort à quelqu'un ou si nous sommes allés à l'encontre de notre propre vérité, alors naturellement, nous nous sentirons mal.

[…] Tous, nous aspirons à être de meilleures personnes, plus affectueuses, plus conscientes, plus vraies avec nous-mêmes. Mais lorsque nous nous punissons pour nos erreurs en nous sentant coupables, nous pouvons nous verrouiller dans un cycle de découragement et de désespoir qui nous vole toute notre clarté vis-à-vis de nous-mêmes et des situations que nous rencontrons. Vous êtes absolument parfaits tel que vous êtes et il est absolument naturel de s'égarer de temps en temps. Apprenez la leçon, allez de l'avant et utilisez la leçon afin de ne pas retomber dans la même erreur. »

Je fais alors le lien avec tes écrits :
« Sur mon lit d'hôpital, à la lecture de mes notes, j'ai pris conscience que la culpabilité est un sentiment constamment présent en moi, en toile de fond. Je me sens persécutée en permanence. C'est devenu un état : je suis coupable. »

Osho ajoute un commentaire à sa vision de la culpabilité :
« Oubliez tout ce qui concerne le péché et oubliez tout ce qui concerne la sainteté, ces deux approches sont stupides. Ensemble, elles ont détruit toutes les joies de l'humanité. Le pécheur se sent coupable, par conséquent sa joie est perdue. Comment pouvez-vous apprécier la vie si vous vous sentez continuellement coupable ? Si vous allez continuellement à l'église confesser que vous avez fait ceci de mal ? Et du faux et du faux… votre vie entière semble être faite de péchés. Comment pouvez-vous vivre joyeusement ?
Il devient impossible de se réjouir dans la vie. Vous devenez lourds, chargés. La culpabilité se tient sur votre poitrine comme un rocher, elle vous écrase, elle ne vous permet pas de danser. Ainsi celui qui pense qu'il a fait quelque chose de mal est coupable, chargé, mort avant d'être mort, et déjà entré dans la tombe. »

Osho nous conduit de la culpabilité à la religion. Ce commentaire me rappelle qu'à vingt ans, tu recherchais l'ambiance des monastères. Issues l'une et l'autre d'une culture familiale catholique non pratiquante, nous échangions souvent sur l'imprégnation inconsciente de ces concepts religieux de « saint », de

« martyr » et de « pécheur ». Nous percevions leur pouvoir d'influence dans notre société. Notre parcours d'éveil spirituel basé sur la connaissance de soi et la conscience de soi, nous avait mises en garde contre ces ancrages psychiques culturels et religieux, faisant de nous d'éternels pécheurs coupables. « Chaque religion tourne autour des notions d'innocence et de culpabilité » (Camus).

« Coupable pour tout… et surtout pour rien ! »[33]

Durant ces dix dernières années, tu commençais à deviner parfois les conséquences dramatiques de ces mécanismes psychiques inconscients, qui enlisent dans cet état d'être coupable. Ils se révélaient peu à peu à toi-même : *une toile de fond,* tel que tu l'écris ; *un arrière-monde* dans « Philosophie de la culpabilité » de Jean Lacroix : « L'arrière-monde pour Nietzsche, c'est essentiellement le sentiment de culpabilité. Le Christ ne l'avait pas. »[34]

> Nous étudions les enseignements de ces grands Éclaireurs, tels que le Christ.
> Nous aimions cet homme, mais pas *ce qu'on a fait de lui.*
> Nous étions pratiquantes de sa *spiritualité,* celle de l'*Amour,* une pratique encourageant à s'améliorer et NON à se culpabiliser.

---

[33] « Au diable la culpabilité ! » - Yves-Alexandre Thalmann
[34] « Philosophie de la culpabilité » – Jean Lacroix

La culpabilité induit son arme fatale… la punition ! Ainsi *formatés* depuis l'enfance, nous nous soumettons à ces juges et bourreaux psychologiques, pervers et avilissants, nous punissant à tort ou à raison. Et souvent davantage *à tort…* plutôt qu'à *raison* !

- oOo -

En écrivant ces mots, je distingue de plus en plus nettement dans l'ombre de la maladie, la démence et l'acharnement de la culpabilité. Elle nous prive de notre autonomie, de notre discernement et de notre esprit critique, qui nous permettent de reconnaître et d'évaluer, par nous-mêmes, notre responsabilité si, réellement, nous avons causé du tort. Elle nous prive de notre liberté de choix d'assumer et de réparer, ce qui serait, à raison, nécessaire de réparer, et d'en retirer l'enseignement. Pris en otage et paralysés par le sournois *chantage affectif,* nous sommes alors condamnés à l'enlisement à perpétuité !

Dès lors que nous discernons cet enfer invisible, nous pouvons nous demander : quel impact sur le corps peut avoir *l'une des émotions les plus destructives (qui a le pouvoir de détruire)* ? La consultation du « Grand Dictionnaire des malaises et des maladies » confirme les funestes répercussions. À propos du cancer, Jacques Martel écrit : « Il est lié principalement à des émotions refoulées de longue date. » Et plus précisément, concernant le cancer du sein : « On a découvert que ce type de cancer vient généralement d'un fort sentiment de culpabilité. »

Je poursuis mon étude et je relève une pensée très éclairante de Yves-Alexandre Thalmann : « Alors que la culpabilité sanctionne à l'origine une faute causant un préjudice à autrui, une version morbide de celle-ci peut se développer qui fait feu de tout bois : tout devient motif à culpabilisation, du moment où il y a mauvaise conscience. [...] Cette culpabilité mérite d'être cataloguée comme *morbide*. Elle n'a pas de raison d'être, c'est une perversion du mécanisme originel. Elle est en cela comparable à un cancer, où des cellules à l'origine saines subissent des mutations qui les rendent dangereuses, se multiplient et finissent par envahir l'organisme. En fait, cette culpabilité morbide est *un cancer de l'esprit.* »[35]

Au début de cet ouvrage, je posais la question : *quoi* est finalement véritablement *morbide* en soi ?

Je répondais : ce n'est pas uniquement le cancer qui tue, c'est aussi et fort probablement beaucoup... le doute.

J'ajoute désormais : la culpabilité.

J'écrivais également, qu'avec toi, j'avais compris la nécessité de ne pas se tromper de cible.

J'avais compris que le véritable combat n'était pas avec la maladie, mais avec tous ces processus internes délétères tels que le doute.

J'ajoute désormais : la culpabilité.

La culpabilité nous prive de notre force de vie, de notre capacité à réaliser nos rêves et à nous épanouir. Elle nous prive de la confiance en soi.

---

[35] « Au diable la culpabilité ! » - Yves-Alexandre Thalmann

Alors, face à ce fléau persécutant et destructif, véritable *machine infernale à fabriquer des cancers*, utilisons la méthode du *STOP*, en brandissant mentalement le panneau rouge, avec conviction et détermination !

Affirmer sans concession :
STOP A LA CULPABILITÉ !

Responsable… peut-être.
Coupable… NON.

« Se sentir coupable, c'est refuser la vie »[36], écrit Jean Lacroix.
Lors d'une interview télévisée du 28 mars 2020, Édouard Philippe, Premier ministre, répondait à un journaliste, alors que la France vivait son premier confinement :
« Le découragement ne fait pas partie de la gamme d'émotions que je m'autorise. »
Les déclencheurs émotionnels (culpabilité et autres) sont effectivement *dans la tête*, autrement dit, mentaux. Ainsi, nous pouvons délibérément reprendre notre pouvoir de décider ce que nous *autorisons* ou pas, venant de soi et d'autrui. Ce positionnement intérieur, bien ancré, développera notre vigilance ainsi que notre conscience de ces stratégies mentales qui nous embarquent dans l'enfer de la culpabilité, à notre insu.

Alors… STOP à ce cancer psychique !

---

[36] « Philosophie de la culpabilité » – Jean Lacroix

« Au diable la culpabilité ! Cessez de vous culpabiliser et retrouvez votre liberté intérieure ! » Le titre du livre de Yves-Alexandre Thalmann nous encourage à nous affranchir de l'influence morbide de la culpabilité, qui nous manœuvre à son gré dans les coulisses, faisant de nous des *marionnettes* selon le spiritualiste Osho : « Vous êtes nés libre. Vous avez été simplement conditionnés pour l'oublier. Des couches et des couches de conditionnements ont fait de vous une marionnette. »[37]

Nos émotions, sentiments nous révèlent faibles ou fragiles, selon le rapport de chacun avec *la sensibilité*. Parfois, ils dérangent. Les assumer nous demande patience, douceur et humilité, vertus essentielles qui nous font souvent défaut. Notre sensibilité nous renvoie parfois une image qui ne *colle pas au rôle* de notre vie, à cette fameuse *personnalité*, « l'aspect sous lequel une personne se considère. » Cette définition du Petit Robert est illustrée par une pensée de Proust : « Notre personnalité sociale est une création de la pensée des autres. »
Être soi-même nous expose parfois à l'humiliation et à la honte. Nous devenons de véritables contrôleurs de soi : de notre image, de nos émotions, toujours par peur d'être jugé négativement par les autres. Nous sommes en permanence à contrôler, inhiber afin de répondre aux « normes émotionnelles »[38] des préjugés, des croyances ou des tabous. Alors… on se soumet à la « *dictature de l'apparence* »[39] instaurée par l'un des mécanismes les plus

---

[37] « La liberté – Le courage d'être soi-même » - OSHO
[38] « Comprendre les émotions » - P.M. Niedenthal, S. Krauth-Gruber, F. Ric
[39] Expression inspirée du film : « Le Code a changé » - Voir « Annexe » en fin de livre.

destructeurs : le jugement de soi, et de l'autre. Toutefois, notre nature véritable reprendra le dessus un jour ou l'autre, par force si nécessaire ! Un médecin humaniste me disait récemment :

« Le manque ou l'absence d'amour finit toujours par nous rattraper. »
Je complète : sous la forme de souffrances physiques, psychiques, de maladies… sous la forme de cancers.

Carl Rogers avait à cœur d'aider la personne à recouvrer sa liberté d'être elle-même : « Cela implique le courage d'exister…
Comme s'il était dangereux d'être original ou différent »[40].
Comme s'il était dangereux d'être libre !
Dans son ouvrage, « La liberté – Le courage d'être soi-même »,
Osho nous dit :
« La liberté signifie la capacité de dire "oui" lorsque le "oui" est nécessaire, de dire "non" lorsque le "non" est nécessaire et de rester parfois silencieux lorsqu'il n'y a rien à dire. Il y a liberté lorsque ces trois conditions sont réunies. »

- oOo -

Je reviens dans ta chambre. Tu me parles des émotions et, particulièrement, de la culpabilité. Tu es pleinement consciente. Tu me demandes de veiller particulièrement sur une personne de notre entourage proche : « Afin qu'elle ne suive pas le même chemin que moi », me dis-tu.

---

[40] « Le développement de la personne » - Carl Rogers

Cela t'inquiète. Nous en parlons. Je te rassure principalement sur un point : elle développe la conscience émotionnelle. Elle partage désormais ses sentiments profonds… Tu me regardes en silence. Tu acquiesces d'un léger mouvement de tête. Je m'engage à veiller sur elle.

- oOo -

Depuis le début de ces chapitres, et particulièrement à partir de ce mot, culpabilité, j'ai eu le sentiment que tu étais à mes côtés, me guidant afin de discerner dans l'ombre la lente et morbide dissémination des effets de ces mécanismes psychiques maltraitants, avant qu'ils ne deviennent… cancer.
Cette sensation profonde de présence m'amène à penser que nous écrivons ce livre ensemble, une manière de délivrer ton message.

- oOo -

Dans l'ombre de la maladie…
l'impitoyable dictature de la culpabilité.

L'Enfant interieur

Je poursuis la rédaction de cet ouvrage. Le chemin me bouleverse au fur et à mesure de son avancée. Sans en connaître la finalité, j'avance, guidée par l'écriture elle-même qui me mène à nouveau à ton intérêt pour la vie monastique et à Thérèse de Lisieux. Curieusement, elle était la seule « sainte » (selon la religion catholique) que j'avais étudiée également avant de te connaître. Nous échangions longuement sur sa vie et ses pensées que nous décryptions désormais avec notre nouveau *regard* sur les mécanismes et les lois spirituels.

Tu écris à son sujet :

« Je repense alors au vécu de Thérèse de Lisieux au moment de sa mort à la fin du XIXe siècle. Au cours d'un périple dans le nord de la France, il y a de cela vingt ans, j'ai découvert son existence et ses écrits. Elle a décrit sa compréhension de l'Amour à travers des vécus du quotidien. Le moteur de sa vie était sa dévotion pour Jésus. Elle aspirait à le rejoindre à sa mort. J'ai été percutée par la simplicité de ses récits qui rendent l'Amour si accessible. Puis, j'ai lu un récit sur la fin de sa vie (elle est décédée à vingt-quatre ans, de la tuberculose), qui relate les derniers instants vécus par Thérèse, sur son lit de mourante. Elle fut sous l'emprise du doute.

Depuis la lecture de ses écrits, je suis restée dans l'interrogative : de quoi peut douter une personne aussi pieuse, au moment de sa mort ? »

Ta question me rappelle nos échanges sur la *Foi*, dont la définition, *confiance absolue*, induit sans équivoque l'absence totale de doute, son opposé ; alors que la « croyance pieuse, que la piété recommande, n'est pas article de foi » comme le définit Le Petit Robert, concernant la piété.

La réflexion m'entraîne à revisiter la vie de la jeune femme. Dans un manuscrit, sa mère la décrit « d'une intelligence supérieure à sa sœur Céline, mais bien moins douce, et surtout d'un entêtement presque invincible. Quand elle dit non, rien ne peut la faire céder »[41].

Je consulte également le dictionnaire de Jacques Martel sur cette maladie qui l'avait emportée, la tuberculose :

« Je ressens de la colère et ma vie est sans joie. J'ai l'impression d'être délaissé, abandonné, de perdre mes moyens souvent face à ma famille. Je n'ai plus d'espace pour bien respirer. Je souhaite garder pour moi seul les gens que j'aime. […] Puisque ce sont les poumons qui sont touchés, la tuberculose met aussi en évidence ma peur de la mort imminente qui est très présente et qui envahit mes pensées. […] En fait, j'ai vécu plusieurs situations où j'aurais pu mourir. Je peux avoir été laissé pour mort ou mes parents pensaient que j'allais mourir à un âge précis ou jeune. La douceur est alors absente de ma vie. J'interdis mon

---

[41] Manuscrit A,7r°, p.79

être intérieur de se manifester. […] Je vis de l'oppression, quelque chose me coupe le souffle. Je transporte avec moi des sentiments amers face aux événements de mon passé. Je m'isole. Je ne communique plus avec mon corps, tant au niveau des baisers que des étreintes ou des rapports sexuels.

[…] Il est très important que je prenne conscience de tous les sentiments qui m'habitent et que je découvre l'objet de cette peur face à la mort. »

Cette analyse interpelle quand on sait que Thérèse avait frôlé la mort à l'âge de deux ans. Ses écrits montrent également un être tourmenté par la mort de ses parents, notamment celle de sa mère, alors qu'elle avait quatre ans. Dans son ouvrage, « Histoire d'une âme », elle décrit ce moment, que j'estime crucial pour le reste de son existence : « Le jour ou le lendemain du départ de maman, mon père me prit dans ses bras en me disant : "Viens embrasser une dernière fois ta pauvre petite mère." Et moi sans rien dire, j'approchais mes lèvres du front de ma mère chérie… Je ne me souviens pas d'avoir beaucoup pleuré, je ne parlais à personne des sentiments profonds que je ressentais… Je regardais et j'écoutais en silence… Personne n'avait le temps de s'occuper de moi, aussi je voyais bien des choses qu'on aurait voulu me cacher. »

La lecture de cet extrait, ainsi exprimé par Thérèse elle-même, présume du niveau de choc et de traumatisme de l'enfant. Je m'interroge alors : quelle aurait été sa vie… si elle avait pleuré ? Si elle avait parlé ? Si son entourage avait été attentif ?...

Le silence opiniâtre d'une enfant en souffrance puis,
d'une adolescente qui voulait, résolument,
être une « sainte »…

- oOo -

Il émerge de cette réflexion la perfide dichotomie, *rationnellement irrationnelle*, entre le matérialiste et le religieux, que les véritables chercheurs spirituels n'opposent pas, bien au contraire, n'étant pas incompatibles, mais complémentaires. Entre le matérialiste et le religieux, il y a l'être humain, de constitution sensible, émotionnelle, affective et sexuelle. Dans mon livre sur l'intelligence intuitive, je relève « qu'un décisionnaire, derrière son *costard*, est un être humain »[42]. Un *déguisement social*, qu'il soit uniforme, costume, habit religieux ou autre, dissimule un être avec des besoins fondamentaux, ainsi qu'un *enfant intérieur*, en souffrance souvent et parfois… *cloîtré*.

Alors que j'écris ce paragraphe, je prends conscience que la plume informatique vient de dissiper un voile, celui d'un visage délicat… *l'enfant intérieur*. Il se distingue discrètement. Il ne pouvait en être autrement finalement dans cet ouvrage, étant consciente de son rôle déterminant dans notre équilibre et épanouissement personnels et professionnels. Ton histoire le confirme.

---

[42] « Intelligence Intuitive, 1ère Porte – Contact avec le Principe » - Cairole Kralj

> La notion *d'enfant intérieur* fait référence à l'enfant qui est en nous, et non de « jouer à l'enfant ».
> Inspirée par les travaux de Carl Gustav Jung, la notion se base sur l'idée que nous avons tous été des enfants et cet enfant vit encore en nous. Mais, lors du passage à l'âge adulte, l'enfant peut alors rester dans l'ombre. Il peut être renié, bien souvent abandonné.

Je me souviens d'une phrase de ton mari (éducateur spécialisé) qui m'avait particulièrement touchée, il y a bien des années. Il me disait : « La particularité d'un enfant est de souffrir en silence. »

Ma pratique m'avait ensuite amplement confirmée au fil des accompagnements, que le jeune enfant qui a souffert, pouvait continuer à souffrir en soi, et toujours en silence, dans l'attente que l'adulte que nous sommes devenus lui accorde enfin son attention. Il pourrait être même accablé d'un sentiment de culpabilité (les très jeunes enfants ont du mal à faire la différence entre un mal qu'ils ont causé et un mal qu'ils observent). « Étrange culpabilité d'une enfant sans reproche… » (Colette). Les répercussions affectives et émotionnelles de ce défaut ou déni de considération de l'enfant intérieur, contribuent largement au développement de pathologies psychiques et physiques.

- oOo -

Quelque temps après l'annonce de ton cancer, un médecin t'avait suggéré cette réflexion sur l'enfant. Tu l'écoutais sans grande conviction. Malgré ses recommandations et explications, tu semblais rester sourde à ses appels. Tu ne comprenais pas. Tu vivais alors l'agacement et tu expédiais le sujet d'un revers de main par un :

« Ça me gonfle ! »

Tu avais définitivement cessé de le consulter.

Quelques années plus tard, en pleine explosion émotionnelle, tu retournais dans ton histoire et tu découvrais (ou reconnaissais) une enfant souffrant d'un grand manque d'affection maternelle. Depuis, cette petite fille semblait continuer à souffrir en toi, *comme si elle était restée en plan,* avec ces maux silencieux. Mais tu n'avais pas accès à elle.

« Toutes les grandes personnes ont d'abord été des enfants.
Mais peu d'entre elles s'en souviennent. »
Antoine de Saint-Exupéry – Le Petit Prince

- oOo -

Après cet aparté avec l'enfant intérieur, je me souviens d'une visite à l'hôpital, alors que les soins palliatifs se préparaient. Je quittais ta chambre ; mais avant de refermer la porte, nous avions échangé un dernier regard en silence. À cet instant, j'avais aperçu dans tes yeux la *petite fille* en toi ; elle me souriait. « Enfin ! Te voilà. Je t'aime », pensais-je à cet instant. Je l'accueillais dans mon cœur, profondément touchée par ce regard de clarté et d'innocence. Le lendemain, je te disais avoir vu la petite fille. Tu étais heureuse.

- oOo –

Dans l'ombre de la maladie...
un enfant intérieur, « cloîtré », pleure en silence.

J'AI TROUVE LA PAIX

Nous approchons fin août. Depuis ton arrivée chez toi, le déclin physique se poursuit à une vitesse vertigineuse. Malgré tout, un rayon de soleil transperce parfois les épais nuages de cette période sombre, comme en cette fin d'après-midi parfaitement sereine. Allongée sur ton lit, le regard tourné vers la fenêtre, tu me dis :

« J'ai trouvé la PAIX. »
Tu me décris lentement cet état :
« Aucune perturbation mentale et émotionnelle. »

Je t'écoute intensément articuler les mots portés par un ton monocorde, des phrases courtes entrecoupées de profonds silences, le regard concentré sur un point imaginaire. Tu incarnes cette paix : un état d'être dépourvu de pensées parasites et d'émotions. Je me sens irrésistiblement absorbée dans cet état de paix, et j'y suis bien. Au-delà des mots, j'ai la troublante sensation à cet instant de recevoir *un message, non pas d'amour, mais… de l'Amour.* Ce moment est intemporel. Il me semble *revenir dans la vraie vie* après l'avoir vécu, avec l'ardent désir d'y retourner. « Il ne s'agit que de mots pour tenter de dire l'indicible », nous dit le journaliste J. Morisson. Il ajoute : « Et le mot le plus fort, omniprésent, celui qui revient continuellement dans les récits d'EMI est le mot *Amour*. […] Il dépasse la représentation que nous en avons dans nos vies terrestres. L'*Amour* est à la fois une énergie et un constituant, voir l'unique constituant de la réalité lors de ces expériences. »[43]

Finalement, qu'elle soit expérience de mort imminente ou de supra-connexion, l'indicible conduit au même mot : *Amour*.

Cet extrait me reconnecte à une expérience personnelle, un accident vécu il y a quelques années. J'étais figée par la douleur sur un sol glacé, dans l'attente interminable de l'arrivée du SAMU. Enfin transportée aux urgences de l'hôpital le plus proche, je m'éveillais dans une salle. Les soignants s'affairaient autour de moi afin de me préparer d'urgence à une opération. Je les observais, baignée dans un état de paix intense, sans l'ombre d'une gêne mentale et émotionnelle. Je vivais un état d'*Amour* ineffable pour tous les êtres autour de moi, au point de vivre l'unique besoin de leur témoigner cet *Amour*.

Quelques jours plus tard, alors que j'étais en longue convalescence dans un centre de rééducation, je lisais le livre de Jill Bolte, « Voyage au-delà de mon cerveau ». Neuroanatomiste victime d'un accident cérébral, elle témoigne de ses incroyables découvertes suite à son AVC la privant de l'hémisphère gauche de

---

[43] « L'évidence de l'après-vie – Conversations entre Eben Alexander et Raymond Moody » - par les Drs Eben Alexander et Raymond Moody.

son cerveau. En lisant son ouvrage, je découvrais la description de l'état que j'avais moi-même vécu lors de mon accident : « Mû par une curiosité enfantine, votre esprit découvre la possibilité de baigner dans une mer d'euphorie et votre cœur connaît enfin la paix.

Demandez-vous alors si vous seriez vraiment motivés pour renouer avec les contraintes d'une routine établie ? »[44]

Je m'étais également posé la même question. Je décidais alors de trouver un moyen d'accès à cet état, sans la nécessité d'un choc accidentel… *Un état de Paix totale et d'Amour unique*, qui pourrait s'apparenter aux EMI, selon le Dr Lallier. « C'est le cas des EMI vécues à l'occasion de la pratique de la relaxation, du yoga, etc. »[45]

- oOo -

Alors que je relate aujourd'hui notre histoire, je réalise qu'à partir de ces mots, « *j'ai trouvé la paix* », je serai *connectée* à toi. Je saurai ce dont tu as besoin, sans qu'il te soit nécessaire de parler. Je devinais plus ou moins cette connexion de ton vivant, sans assurance néanmoins. Je le confirme aujourd'hui et je découvre en parallèle que cette perception de connexion rejoint les observations de R. Moody :

« Des accompagnants ou des proches en fin de vie font l'expérience, par empathie, d'une dimension spirituelle et partagent

---

[44] « Voyage au-delà de mon cerveau » - Jill Bolte Taylor
[45] « Expérience de mort imminente – Peut-on vraiment parler de mort ?» - Dr François Lallier – Préface Dr Charbonnier

le départ du défunt. Il ajoute que ces "expériences de mort partagée" sont de plus en plus nombreuses. »[46]

- oOo -

« J'ai trouvé la Paix »
sera notre dernier échange… verbal,
en toute conscience,
mais déjà reliées… en Conscience.

---

[46] « L'évidence de l'après-vie – Conversations entre Eben Alexander et Raymond Moody » - par les Drs Eben Alexander et Raymond Moody.

Bolus

Les jours s'enchaînent à une vitesse vertigineuse vers l'inexorable destinée. Ton alimentation est toujours liquide. La douleur est bien contrôlée grâce à la pompe PCA (Patient Controlled Analgesia), système d'administration de la morphine. Elle permet au malade de recevoir un débit continu de morphine et, à sa demande, par auto-administration, des doses unitaires supplémentaires de morphine appelées : *bolus.*

De nouvelles douleurs apparaissent au niveau du cou et des oreilles. Ton vocabulaire se réduit de plus en plus à des monosyllabes pour nous signaler tes besoins basiques et tes douleurs. Nous mettons tout en œuvre afin de maintenir au mieux ton confort. Mais il devient de plus en plus difficile de préserver l'équilibre entre contrôle de la douleur et posologie des traitements, certains nécessitant une période minimale de quatre heures avant d'être à nouveau administrés. Les infirmier(e)s t'encouragent à presser *le bouton bolus,* sans attendre. Ils te rappellent régulièrement qu'il est beaucoup plus simple d'anticiper au plus vite une douleur, que de la soulager lorsqu'elle est installée. Tes difficultés avec les traitements ne facilitent pas toujours la gestion. Mais la douleur l'emporte ; tu hésites de moins en moins. En parallèle, la morphine en débit continu est augmentée.

LE THÉ

Un matin, à quelques jours de ton ultime départ, tu es apaisée et tu me demandes un thé. Tu articules péniblement : « Mon dernier plaisir. » Je te prépare avec soin ton thé vert préféré, dans ta tasse habituelle. Non sans difficulté pour t'exprimer, tu parviens à me dire : « Il est parfait. Parfait dosage. Parfaite température. »

Quelle joie de te le préparer et de te voir le déguster, le *savourer* ! Un simple thé devient un trésor de bien-être. Quand le commun devient l'exceptionnel, les priorités de vie basculent vertigineusement ! Le plus beau cadeau que je puisse te faire est… un thé.

Tu bois quelques gorgées. Les douleurs au cou renforcent ta difficulté à ingurgiter. Je te suggère d'utiliser ta paille. Mais tu souhaites le boire dans ta tasse, *comme avant*.

> *Tu viens de boire ton dernier thé…*
> *Je viens de partager avec toi les dernières minutes… comme avant.*
> *En écrivant ces mots aujourd'hui…*
> *« Je me souviens Des jours anciens Et je pleure »*
> *(Verlaine).*

Environ une trentaine de minutes après l'avoir dégusté, tu te sens mal. Tu as besoin de le rejeter. Mais tu peux à peine bouger ; les spasmes de l'estomac sont douloureux. Ton mari vient à ton aide. Je reste à tes côtés, accablée par un sentiment d'impuissance. Il FAUT trouver une solution très rapidement. Tout à coup, une sorte d'idée éclair surgit dans mon esprit, qui te permet de te dégager sans souffrir. Tu es soulagée. En revanche, ce que tu viens de rejeter n'est pas seulement du thé ! L'odeur est putride ! Ton mari et moi échangeons un regard. Nous comprenons que le cancer du péritoine et les occlusions intestinales progressent. L'odeur ne laisse aucun doute. Tu n'as pas conscience de la situation… Heureusement !

Cette odeur me poursuit dans le temps, me contraignant à me laver et à me changer plusieurs fois dans la journée. Elle persiste. Elle me colle à la peau telle une imprégnation indissoluble. Bien que vivante, ton corps est déjà en fin de vie.

C'est très éprouvant. Je puise dans mes ressources pour vivre avec… l'insoutenable. Je coopère avec mon cerveau afin de ne pas *consolider* ces chocs émotionnels qui pourraient par la suite hanter l'esprit des jours, des mois, voire des années.

En avril 2021, Bernard Tapie répondait à un journaliste, à propos d'une terrible agression dont il avait été victime chez lui avec son épouse :

« La seule façon d'arriver à passer au-dessus de cet événement, est de ne pas en faire un souvenir. »[47]

---

[47] Interview de Bernard Tapie au journal de 13h00 -TF1 le 26/04/2021

Ma pratique assidue d'exercices mentaux, issus de la méditation et de la science de l'hypnose, m'est d'un grand secours. Je reste vigilante à ces successions de chocs afin de les *autotraiter* au fur et à mesure, et de « ne pas en faire des souvenirs ». Mon cerveau devient plus que jamais mon allié et partenaire.

L'INSTANT PRÉSENT

Durant ces dix années avec le cancer et plus intensément durant ces 21 jours de soins palliatifs, j'ai admiré la posture de ton mari, entièrement dévoué à ton bien-être physique et psychique, jusqu'au bout. Malgré tous les indicateurs de plus en plus évidents d'une fin de vie, tu maintiens la perspective d'une guérison. Tu restes affirmée, déterminée, jusqu'au dernier moment. Ton mari te suit, fidèle à 100 %. Il encourage la moindre amélioration physique, aussi minime soit-elle. Il distille chaque jour un état d'esprit positif, faisant de l'instant présent un moment de vie intense.

Peu importe l'état, la vie est là.
Peu importe l'instant d'après,
la vie est respectée, honorée, à chaque instant.

Instructeur de yoga de longue date, ton mari restera jusqu'au bout aligné, concentré et ancré dans *l'instant présent* sans fléchir, tel un roc inspirant qui nous soutient.
Son exemple me donne accès aux valeurs spirituelles intrinsèques du Yoga et de la Méditation, ne se réduisant pas à une

posture physique, à un moment ponctuel en tailleur, concentré sur un point ou une bougie.

« La méditation doit être l'instant de tous les instants et non pas un instant limité. »[48]

Il y a quelques années, j'interviewais ton mari sur le yoga et la méditation. Je lui posais alors la question :
« Si vous deviez donner une définition synthétique du yoga, tel que vous l'abordez, notre environnement le réduisant souvent à une discipline physique, quelle serait-elle ? »

Il me répondait :
« C'est une étude qui permet un cheminement, conduisant à la découverte de soi et du Soi. La pratique conduit à la transformation radicale de l'être. Cela conduit à la découverte de la réalité au-delà de sa propre réalité. De mon point de vue, il n'y a que la méditation, comme activité, qui soit capable de nous faire accéder à tout ce qui est caché en soi et autour de soi. La source de la méditation est la science même du yoga. »

Durant cette interview, nous échangions également sur le souffle. Il me disait alors :
« J'existe, donc la vie s'exprime, mais, même si je n'existe pas, la vie s'exprime dans d'autres secteurs, d'autres univers. Dès que l'œil existe, la vue s'exprime à travers lui. C'est la même chose pour le souffle. En étant concentrés sur le souffle, nous

---

[48] Le sage et philosophe occidental

sommes reliés à un mécanisme d'entretien de l'existence, ce qui permet à la vie de s'exprimer en moi. Je suis donc relié au Principe de cette existence qui est la vie qui se manifeste en moi. Je suis donc relié au Tout. Le spiritualiste finira par dire : en étant concentré sur le souffle, je suis relié à la nature immatérielle en moi, le Soi, en moi, qui est l'expression ou le principe même de ce principe qu'est la vie elle-même. »

Je rappelais alors, que le mot spiritualité venait du latin *spiritus*, qui signifie la respiration, le souffle, l'air ou le vent. Il complétait :
« Donc, la spiritualité est le souffle. Le souffle et la spiritualité ne font qu'un. C'est surtout cela qu'il faut retenir : quand on est dans l'attention portée sur le souffle, on est donc relié à l'essentiel en soi. Grâce au souffle, entrer dans l'état de méditation nous permet de recevoir toutes les informations de l'immatériel en soi. Le fait de se concentrer sur le souffle nous relie à l'essentiel, qui petit à petit va faire disparaître le support qui m'y a amené. Le souffle va donc disparaître de ma pensée, je n'en serai plus conscient. Je deviendrai alors conscient du vide, du néant. Je nomme cette partie immatérielle de soi : le Divin. »

Par ailleurs, j'avais relevé cette pensée du Dr Mouysset : « L'essentiel du soutien nécessaire proposé par son programme, PGSE[49], peut se définir comme une préparation au traitement

---

[49] PGSE : Programme de groupe de type soutien-expression – Dr Jean-Loup Mouysset

et, selon le cas, à la guérison ou à la mort. »[50]

Ton mari a fait de cette fin de vie une véritable méditation sur
l'instant présent, sur le souffle, sur *ton* souffle,
comme *vivre en méditation…*
t'aidant ainsi à *bien vivre,*
ces dix années, ces derniers jours dans la sérénité,
t'aidant ainsi à *bien mourir.*

Il a formé mon fils, ou plutôt *notre fils*, et comme je suis touchée
de le formuler ainsi. À lui désormais de porter le flambeau en
tant qu'instructeur d'une véritable discipline, *un moyen pour y
parvenir*, comme disait ton mari.

---

[50] « Devenir acteur de sa guérison, avec l'Accompagnement thérapeutique » - Dr Jean-Loup Mouysset

L'INCONNAISSABLE

Parfois, j'essaie de me mettre dans la situation du… *dernier souffle*. J'essaie de me mettre à ta place. En toute honnêteté, je ne peux augurer de mes réactions devant la mort, malgré plusieurs années d'études spirituelles et de réflexions. Un jour arrivera cette ultime seconde qui me basculera dans le vide d'un inconnu, un *inconnaissable*, qui sera connu, *connaissable…* uniquement, lorsque j'y serai.

Toi, tu n'es plus dans l'intellectualisation. Tu pressens la fin, en toute conscience, sans en connaître la forme ni la consistance. Cette *porte*, présente dans l'ombre depuis dix ans, se devine désormais, plus proche que jamais. Et je comprends que l'essentiel aujourd'hui, ce n'est plus *la porte*, mais CHAQUE PAS dans sa direction. L'essentiel est devenu ton état d'être à chaque instant.

La rencontre approche.
Comme il est éprouvant d'oublier la porte et,
de rester fixer sur l'ici-et-maintenant.

Dans cet ici-et-maintenant, ton mari est intensément présent avec toi. Il partage et respecte ta double perspective : *les deux voies*, comme tu les nommes, celle de la guérison et celle de la mort. Tu penses parfois à ces guérisons dites, « miraculeuses ». Bien qu'elles soient rares, tu y crois, jusqu'à tes derniers instants de conscience.

Outre les « miracles » auxquels on confère une signification religieuse, les guérisons extraordinaires après une EMI avaient été le premier sujet de recherche du Dr Lallier : « Il arrive que des personnes guérissent rapidement et de manière inespérée après une EMI. C'est comme s'il se passait quelque chose dans leur corps, rendant leur système immunitaire plus fort. L'objectif de ma thèse aurait alors été de rechercher quels étaient ces changements biologiques après une EMI. »[51] Pour des raisons de coûts et de moyens à mettre en œuvre pour cette recherche, il orientera sa thèse sur un autre sujet.

Personne ne sait expliquer le *pourquoi* ni le *comment* de ces guérisons « inespérées ». Tu conçois intellectuellement la présence d'une *force* en toi, capable de transformer radicalement un état physique. Mais, une sorte de fatalité immuable impose son barrage :

« Aussi, j'ai conscience qu'une guérison spontanée n'est accessible qu'aux personnes qui sont convaincues de leur guérison, sans l'ombre d'un seul doute. Et mon problème essentiel pour ma guérison est bien celui d'en douter ! »

---

[51] « Expérience de mort imminente – Peut-on vraiment parler de mort ? » - Dr François Lallier – Préface Dr Charbonnier

À nouveau… le doute. Nous commencions cet ouvrage avec le Dʳ Bach : « Il ne faut jamais désespérer, si grave que soit la maladie, car le fait que l'individu jouisse encore de la vie physique est l'indication que l'Âme qui le gouverne n'est pas sans espoir. »

Tu écrivais alors : « *Il faudrait que j'aie confiance en moi. Mais la confiance, c'est pas mon truc… Je suis encore trop rationaliste et cartésienne, ce qui entrave ma guérison.* »

On ne nous a pas appris la Confiance.

Je partage cette pensée du spiritualiste Sri Aurobindo, que le sage et philosophe occidental nous avait transmise. Elle avait été le support d'un grand nombre de nos réflexions :

« Si seulement les hommes entrevoyaient les jouissances infinies, les forces parfaites, les horizons lumineux de connaissance spontanée, les calmes étendues de notre être qui nous attendent sur les pistes que notre évolution animale n'a pas encore conquises, ils quitteraient tout et n'auraient de cesse qu'ils n'aient gagné ces trésors.

Mais le chemin est étroit, les portes sont difficiles à forcer, et la peur, le doute, le scepticisme sont là, tentacules de la nature pour nous interdire de détourner nos pas des pâtures ordinaires. »[52]

Cette pensée nous encourage peut-être à basculer dans un inconnu, tout aussi *inconnaissable* que la mort elle-même, et qui

---

[52] « La Mère - Pensées et aphorismes de Sri Aurobindo » – Traduction et commentaires

aurait changé radicalement la voie. Peut-être que cet *inconnaissable* inaccessible, vers lequel cette pensée nous invite serait… *la Foi.*

On ne nous a pas appris la Foi.

« Et ceci me rappelle… une petite histoire que nous raconta le philosophe et sage occidental, il y a plus de vingt ans et qu'il avait vécue lui-même une dizaine d'années auparavant. Alors qu'il faisait une pause, assis au bord d'une petite route, son regard se porta sur un petit monticule de goudron au milieu de la route. Il y prêta attention. Au sommet de ce petit mont, apparaissait une toute petite fleur frêle. Il fut alors bouleversé par la conscience de cette force ayant permis à cette petite fleur fragile d'émerger de cette épaisse et dense couche de goudron, techniquement infranchissable pour elle. Cette histoire le toucha si profondément, que des années après, il nous la raconta, avec toujours autant d'émerveillement et d'émotion. »[53]

- oOo -

Dans l'ombre de la maladie… l'inconnaissable Force de Vie de la Foi, pouvant réaliser l'irréalisable, tente de braver résolument l'épaisse couche de goudron OBSTINÉMENT rigide de nos doutes et de nos croyances.

---

[53] « Intelligence intuitive – 1ère porte » - Cairole KRALJ

- oOo -

Dans l'ombre de la maladie…
notre prétendue « rationalité »,
se révèle opiniâtre « irrationalité ».

IL EST TEMPS…

Nous approchons… Comme de coutume, l'infirmier est en poste à 8 heures. Il dispense les soins quotidiens. Mais, ce matin, je discerne l'inquiétude sur son visage. Les paramètres de la morphine en PCA montrent que tu t'administres de plus en plus de bolus la nuit. Je perçois son malaise à tenter de nous faire comprendre que nous parvenons au terme du contrôle de la douleur, tout en préservant ton état conscient. Il serait nécessaire d'augmenter les doses de morphine en débit permanent. Il demande à s'entretenir avec ton mari.
Les équipes de soins palliatifs mobiles de l'hôpital de ville interviennent et échangent avec ta famille. Ton frère, qui nous avait rejoints depuis quelques jours, est également auprès de toi jour et nuit.

Ta tension commence à baisser progressivement ; la saturation d'oxygène également. L'équilibre physique, maintenu artificiellement, tend à se rompre ; la nature semble reprendre les rênes, nous informant… qu'il est temps.
Il est question de commencer à t'endormir… doucement.

Ce n'est pas la sédation. On s'en rapproche. Dans tes dernières volontés écrites, tu affirmais refuser toute forme « d'acharnement thérapeutique ».

Tu as encore quelques échanges avec ton mari, les derniers, qui se restreignent à quelques mots.
Un nouveau protocole débute.
Les doses de sédation sont faibles.
Tu commences à basculer en partie.
Tu communiques péniblement par quelques signes et sons.
Nous nous exerçons à te comprendre. Parfois, des mots se distinguent péniblement.

Le matin suivant, ton mari est à ton chevet.
Il te parle tendrement.
Vos mains sont enlacées l'une dans l'autre.
Je t'entends lui dire :
« *Je t'aime.* »
Je comprends que tu commences à lâcher.

- oOo -

Malgré la difficulté de prononciation,
le rythme rapide,
je n'oublierai jamais...
cet ultime message d'amour.

Le Chant du Grand Duc

Début septembre… L'approche se fait pressentir. Tu bouges et subitement tu saisis mon bras avec une force déroutante. Le geste me surprend. Je prends ta main et te parle, mais je sens un malaise. Rapidement, je comprends que tu souffres. Je lance l'alerte. Ton mari a de nombreux échanges avec les soignants. L'infirmière de l'après-midi confirme qu'il devient indispensable de renforcer la morphine.

Après d'importantes concertations familiales et médicales, un nouveau protocole est immédiatement instauré. Désormais tu ne seras plus consciente. Nous venons te voir tour à tour individuellement. Nous te parlons.

En fin d'après-midi, je me rends dans ta chambre. Nous sommes seules. Juste toutes les deux. Il règne une ambiance intime et feutrée.

Tu es allongée sur ton lit médicalisé, nous approchons les 18h30. Tout est particulièrement calme.

Un drap blanc recouvre ton corps considérablement amaigri. Seule ta tête dépasse.

Ton visage est tourné vers moi. Tes yeux, entrouverts, regardent sans voir. Je sais que tu es désormais absorbée vers l'intérieur. Ton corps meurtri, mutilé par la maladie, est présent. Mais tu sembles déjà partie.

Où es-tu, Dhyana ?

En face de toi, la fenêtre ouverte t'offre le doux tableau d'un olivier dans un joli jardin. La température est clémente en ce début du mois de septembre. On entend le chant des éolyres installées par ton mari dans les arbres, sons que tu affectionnes particulièrement, orchestrés au rythme des vents, doux et mélodieux concert de la nature.

En parallèle, le rythme insupportablement uniforme et inflexible des pompes à perfusion et à oxygène, impose l'exécrable récital de cette maladie invasive… le cancer.
Ta chambre transformée en hôpital, en pharmacie, rappelle qu'un jour, il y a 10 ans, ta vie prenait son plus grand virage et, au-delà… notre vie.

Là… à cet instant, ton corps,
parvenu à bout de souffle, se prépare…
à son dernier souffle.

Je pense soudainement au Grand Duc, le *Prince* des rapaces nocturnes.

> Je me souviens aujourd'hui qu'il t'avait *accueillie*, à ton retour des urgences. J'avais eu alors la troublante certitude… qu'il venait te chercher et que je l'entendrai une nouvelle fois cet été. Était-ce son message ? Peut-être… mais j'avais préféré le mettre de côté, dans un coin de moi-même. Durant ces derniers 21 jours, le Grand Duc s'était tu. Nous n'entendions plus son chant puissant en fin de journée, comme s'il restait dans l'attente…
>
> Finalement, j'avoue l'avoir un peu oublié durant cette période. À cet instant d'ultime intimité, il revenait soudainement au-devant de la scène de mon esprit.

Assise à tes côtés, j'ai l'idée de chercher un enregistrement du chant du Grand Duc. Je saisis mon téléphone et je trouve rapidement sur internet un média d'une durée de quatre minutes, que je lance en boucle dans la chambre. Sur ce fond sonore continu, je te parle doucement et je commence une balade sous la forme d'une visualisation guidée, comme nous le faisions durant les séances de yoga nidra, d'hypnose ou de relaxation. Tu adorais ces moments. Tu te laissais transporter par ma voix, jusqu'à glisser paisiblement à l'intérieur de toi. À ton réveil, ton corps était souvent soulagé. C'était ton *huile de douceur*[54] apaisante.

Délicatement, je te conduis mentalement vers ton endroit préféré. Il est près du domaine, dans une forêt au pied d'une falaise. Nous l'avions surnommé : *l'endroit magique.*

---

[54] Huile de douceur : nom inspiré d'un protocole d'hypnose pour la douleur.

Nous cheminons en pensée au cœur de la forêt, vers deux grands arbres multi-troncs absolument majestueux, qu'un ami commun appelait les *Maîtres*. Malgré leur grande taille, ils sont dissimulés par la végétation luxuriante. Leur accès sur un chemin escarpé, parsemé de cailloux et de ronces, est malaisé. Mais, stimulées par l'énergie revitalisante du lieu, son extraordinaire luminosité, ses senteurs de mousse vivifiantes et le bruit apaisant de ses multiples cascatelles, nous grimpons sans effort. Parvenues à eux, nous les saluons. À leurs pieds, une source jaillit de la terre. L'endroit, encore préservé de l'invasion humaine, est resté sous la gouvernance de Dame nature, protectrice des grands vénérables du lieu.

Je découvrais plus tard que le Grand Duc était réellement installé sur cette falaise, au-dessus de… *notre endroit magique.*

Il règne dans la chambre une atmosphère de douceur bienfaisante. Nous sommes bercées par le chant du Grand Duc en fond sonore.

Sur ton visage, je devine l'esquisse d'un sourire, subtile expression de la paix retrouvée.

Je nous perçois connectées, un sentiment de lien unique… qui dépasse la perception habituelle d'une relation. Une sensation de *reliance* profonde et unique, qui s'exprime naturellement par ces mots que je prononce lentement :

Je t'ai aimée…
je t'aime et je t'aimerai…toujours.

À cette seconde même, ta respiration s'arrête instantanément.

Je suis profondément émue et bouleversée.

Les bruits de l'air pulsé de la pompe à oxygène créent le doute.

Puis le souffle reprend.

À nouveau, il s'arrête…

À nouveau, les appareils me font douter. Je suis troublée.

Je regarde alors ton ventre. Il ne bouge plus.

Je saisis le talkie-walkie et appelle ton mari.

Dans la seconde qui suit, il apparaît soudainement dans la chambre, telle une téléportation !

Un espace-temps m'a échappé.

Il prend ta main dans les siennes.

Tu lui offres ta dernière expiration, comme si tu l'avais bloquée pour l'attendre.

Il est 18h40. Le silence…

Le silence absolu et profond de la vie qui bascule…

Comme une bougie qui s'éteint, tu es partie paisiblement, sans heurt, sans violence.

Tu es partie, tout en douceur… Cette douceur que tu incarnais avant, il y a bien longtemps, quand tu étais encore *vivante*.

Quelque temps après…

Combien ? Je ne sais plus.

Je sors dans le jardin. La nature est exceptionnellement calme en cette fin de journée d'été et, à cet instant, contre toute attente…

J'entends le Chant du Grand Duc.

Comme traversée instantanément de la tête aux pieds par une onde de choc, je vis un bouleversement intégral.

Accaparée par le chant particulièrement puissant, je murmure :
Tu as gagné ! Tu es bien. Merci… Merci, merci, merci…
Un cri du cœur, que je répète… encore, encore et… encore.
Tu as gagné sur la tyrannie et la violence d'un combat intérieur.
Tu es libre et tu es là…
C'est une évidence. Pourquoi ? Comment ? Je ne l'explique pas. D'ailleurs, au cœur de l'expérience, la question ne m'effleure pas un seul instant. Cela s'impose à l'esprit avec une telle force, qu'il n'est besoin d'aucune preuve pour en connaître la vérité, la réalité.

> *« On ne voit bien qu'avec le cœur.*
> *L'essentiel est invisible pour les yeux. »*
> *Le Petit Prince*
> Ici-et-maintenant, la célèbre pensée du chef-d'œuvre prend tout son sens.

Nous sommes tous réunis dans le jardin, silencieux, absorbés par la puissance du chant, sublimé par le calme absolu de la nature qui semble te rendre un dernier hommage, toi qui l'avais tant aimée.

Puis, dans cet instant de profond recueillement collectif…

Nous entendons… non pas UN,
mais DEUX hiboux Grand Duc.

Nous sommes stupéfaits. Parfaitement et puissamment orchestré, l'événement dépasse l'entendement ordinaire humain. Il impose le SILENCE mental, intellectuel, rationnel et nous enjoint à juste ÉCOUTER… avec le CŒUR. Un moment ô combien difficile à traduire avec des mots ! Un pâle reflet d'un essentiel invisible, à honorer dans le respect et l'humilité.

Tel un témoin privilégié, j'ai la perception de frôler le plus grand mystère de la vie. Je reçois un cadeau inestimable, un véritable DON… au-delà de la forme physique. Tournée en direction des chants, je crie intérieurement :

C'est trop d'Amour. C'est trop d'Amour… que je répète inlassablement. Il me semble que mon cœur ne pourra supporter tout cet Amour. Les mains sur le thorax, je fais de grandes respirations. Un sentiment de gratitude m'envahit au plus profond de moi. Nous étions tous connectés.

- oOo -

Ainsi, je vis le bouleversement d'une connexion avec mon âme sœur orchestrée par le Grand Duc. Mon cerveau semble transcendé par l'expérience ou, peut-être, mon cerveau se libère…

Les 21 jours les plus intenses de ma vie aboutissent,
non pas à une fin,
mais à une continuité,
à une Connexion à la Conscience,
à l'Amour.

- oOo -

**10 ans de dictature viennent de s'effacer.
10 ans d'ombre viennent de s'illuminer.**

Nous sommes le 2 septembre.

- oOo –

V.
UN AUTRE REGARD SUR LA MORT

Ainsi, tu es partie.
« J'ai raconté ce qui s'est passé dont rien n'a été inventé »
(Mauriac).

J'aurais tant souhaité qu'il en soit autrement, mais je ne suis pas maître du cours de l'histoire. Avec toi, j'ai parcouru le monde intérieur, un voyage qui changeait notre regard sur la vie, sur le concept de « dieu », sur la souffrance et sur l'amour. Invraisemblablement, notre relation perdure ; je commence à

effleurer du bout de ma conscience un monde inconnu. Avec toi toujours, je change mon regard sur la mort. Alors je poursuis, *ou plutôt je te suis,* et je remercie le Dr Mouysset de me prêter le titre de cette partie, inspiré de ses colloques intitulés :
« Un autre regard sur le cancer ».

- oOo -

ÉCRIS !

3 septembre 2021… Nous sommes parvenus au point de départ de ce livre. Ainsi, tout a commencé, en ce début du mois de septembre, avec un mot… *Écris* !

Tu es partie hier. Tu seras incinérée, selon tes volontés. Ma vie a basculé. Tu as ouvert une *porte intérieure.* Ce ne sera plus jamais comme avant. Bouleversée par le Grand Duc, je ressens *une connexion.* Le Prince vient de m'élever à un autre niveau d'exister…

Je dois désormais vivre avec des données nouvelles, sans pouvoir les expliquer, les rationaliser. Je n'ai pas encore de *casiers internes* prévus pour elles. Je les dépose alors soigneusement dans *une case cérébrale « en cours »,* en attendant de les comprendre et de les intégrer.

Depuis quelques années, j'étais parvenue intellectuellement à l'être humain, entre rationnel et extra ou supra rationnel, entre matériel et immatériel. Après des années d'études, il me semble désormais basculer d'une évidence intellectuelle, à une connaissance évidente.

Aujourd'hui, je me perçois à ce carrefour.

J'y suis.

Après ton départ, le Grand Duc s'est à nouveau retiré dans le silence. J'espère à nouveau l'entendre. Dès le lendemain matin, je me dirige vers ton armoire et m'habille avec tes vêtements. Devant le miroir, je me découvre moi, habillée en toi. Je prends alors conscience de mon propre comportement. Je l'observe. Dans le même temps, une *pensée* surgit dans mon esprit :

> « *Écris un livre :*
> *"Le Chant du Grand Duc",*
> *Dans l'ombre de la maladie.* »

C'est tellement soudain ! Saugrenu en ce premier jour sans toi ! Quelle idée ! Je retiens « dans l'ombre de la maladie ».
Le temps s'écoule. Mais cette *pensée* se fait insistante intérieurement. Pas obsessionnelle ; davantage une présence en tâche de fond cérébrale. J'en parle à ton mari et je passe assez rapidement à autre chose. Je me concentre avec lui et nos proches à préparer les obsèques, à déménager à nouveau la chambre en prévision d'un enlèvement de l'ensemble du matériel médical par un transporteur.

Cependant, cette pensée s'impose de plus en plus d'une manière pressante, telle une sorte d'injonction, malgré un quotidien dense d'occupations et de bouleversements. Elle se complète étrangement d'une nouvelle *pensée* :

> « *Parle de ton expérience.* »

Que se passe-t-il ?

C'est comme si j'étais… *sollicitée*.

Je commence alors à m'interroger sur la nature de ces *informations internes*. Il ne s'agit pas de simples *idées*. Je suis bien présente, lucide, à gérer un lendemain de décès avec son lot de démarches administratives, sa logistique astreignante. Cela est bien en moi, mais je ne reconnais pas cette forme d'expression cérébrale. Je n'en reconnais pas la source habituelle.

Et je remercie mon compagnon de route, « *Le Petit Prince* », de son soutien en illustrant admirablement cette indicible expérience, rationnellement inconfortable :

« Le premier soir, je me suis donc endormi sur le sol à mille miles de toute terre habitée. J'étais bien plus isolé qu'un naufragé sur un radeau au milieu de l'océan. Alors vous imaginez ma surprise, au lever du jour, quand une drôle de petite voix m'a réveillé.

Elle disait :

— S'il vous plaît… dessine-moi un mouton ! »

Dans le désert de l'absence, il ne m'est pas demandé *de dessiner un mouton*, mais *d'écrire un livre*, alors que tu viens à peine de nous quitter. Une situation déroutante… comme une urgence !

« J'ai remarqué que tout ce qui arrive d'important à n'importe qui, était imprévu et imprévisible » (Alain).

Je vis un grand chamboulement intérieur. Encore dans l'énergie de cette puissante connexion avec le Grand Duc, je commence timidement et prudemment, à supposer *une forme de communication avec toi, au-delà de mon cerveau.*

Une confrontation interne s'ensuit, entre la transcendance et la résistance, entre la joie et l'inconfort, entre l'évidence et le doute. Elle se manifeste par une sorte de dialogue intérieur : « L'histoire est véritablement *extra-ordinaire* mais, ce n'est pas le moment... Et *dans l'ombre de la maladie*, c'est un vrai sujet mais, c'est ton histoire et non la mienne... J'ai envie de la partager mais, je vais passer pour une illuminée !... Il faut l'avoir vécu pour le croire ! »

Que de *mais*, de restrictions, d'oppositions !

La seconde pensée renforce mon émoi. Effectivement, de nature pudique, l'exercice de partager des expériences personnelles m'est déjà assez pénible dans un cercle connu ; imaginer une exposition publique m'embarrasse beaucoup ! En ajoutant le côté surnaturel, cela stoppe net toutes velléités d'écriture !

- oOo -

Entre l'enthousiasme de te percevoir près de moi,
et la résistance du scepticisme et de la pudeur,
je ne mesure pas encore la portée de ce mot... Écris !

LES DEUX FLAMMES

La nuit suivante, je me lève *soudainement*, et j'insiste sur le
– *soudainement* -, qui traduit un comportement inhabituel. Je me
rends dans une pièce de la maison où j'avais laissé une bougie
allumée à ton attention sur un bougeoir en étain. Elle est sur le
point de s'éteindre. Elle se consume sur la surface de cire res-
tante désormais entièrement liquide.

> *Et je découvre,*
> *non pas UNE flamme,*
> *mais… DEUX flammes,*
> *bien distinctes, sur le même bougeoir.*

Témoin silencieux, j'admire dans la quiétude de la nuit le spec-
tacle de ces deux flammes, dansant côte à côte. Elles se séparent
l'une de l'autre, se rapprochent au point de fusionner, puis se
détachent à nouveau.
C'est magnifique et émouvant. Mon téléphone à portée de
main, je filme. À cet instant, les flammes fusionnent à nouveau,
comme si elles s'embrassaient. Puis l'une d'entre elles s'éteint.
Je m'étais levée, *subitement,* dans la nuit, afin d'assister à la

danse de deux flammes sur un même bougeoir… juste après ton départ.

> Le phénomène est particulier et inédit : 1 bougie, 1 mèche, 2 flammes. Sur le moment, la question du comment ne se posait pas. Aujourd'hui, en racontant cette nuit particulière, je reste lucide en supposant une explication technique qui m'échapperait. Néanmoins, en vingt ans de pratique de la méditation avec une bougie, parfois presque entièrement consumée, cela ne m'était jamais arrivé.

- oOo -

Le récit de cette nuit exceptionnelle me rappelle le décès de ton père, il y a quelques années. Tu avais également laissé une bougie allumée la nuit à son attention. Le lendemain matin, la cire coulante au pied du bougeoir s'était solidifiée d'elle-même en forme de cœur. Parfaitement : un cœur !
Un moment bouleversant !

Ton père était passionné d'ébénisterie. Ses mains d'or, son souci du détail et sa patience légendaire transformaient minutieusement les bois en meubles somptueux, aux lignes parfaites… comme celles de ce Cœur. Nous le prenions entre nos mains, profondément émues par l'inouï de sa perfection. Tu avais ensuite conservé ce *Cœur de cire* près de toi.
Après ton départ, je le retrouvais dans sa jolie boîte, posé sur un tissu de soie. Avec l'accord de ton mari, je garde désormais

précieusement ce Cœur façonné par les mains de l'Amour, qui me renvoie inéluctablement à la question du Dr Lallier, sous-titre de sa thèse… « Peut-on vraiment parler de mort ? »

- oOo -

Le lendemain, je rapporte l'événement à ton mari et lui montre la petite vidéo. Absorbé par les images, il pense soudainement à ta mère et comprend aussitôt que ces deux flammes réunies sur un même bougeoir sont *un message,* révélant vos retrouvailles, au-delà du physique. Après un bref temps d'intégration, nous échangeons et nous nous souvenons de la petite fille réclamant désespérément l'affection maternelle ; un vide douloureux reconnu tardivement que tu n'avais jamais su combler et dont tu nous parlais bien souvent. Certains souvenirs cuisants de ton adolescence ressurgissaient également à la surface du temps présent, particulièrement certains piques sur ton physique lancés dans le cercle familial. Tu les avais reçus à l'époque en pleine figure, au point de développer le mépris envers ton corps, devenu à tes yeux *un boulet disgracieux*, pour le reste de ton existence.

La délicate transition de l'adolescence, les non-dits accumulés depuis l'enfance, les maux du cœur laissés en plan, ont distillé dans le temps du mal-être, avant qu'ils ne deviennent des maux du corps.

Aujourd'hui, la réunion de ces deux flammes témoignerait de *votre réconciliation,* initiée il y a quelques semaines lors de ton départ aux urgences, jour même où ta famille se préparait à l'ultime départ de ta maman. La simultanéité des deux événements ainsi que l'accueil du Grand Duc à ton arrivée chez toi, nous amènent à penser que, peut-être, était-ce elle… qui t'accueillait et annonçait venir te chercher ? Peut-être, était-ce encore elle… qui confirmait être avec toi, lorsque nous entendions, non pas un, mais un couple de Grand Duc à ton départ ?

Cette rétrospective me bouleverse et transmue, malgré moi, *les peut-être… en la certitude* qu'elle était près de toi, dans l'invisible, durant ces 21 derniers jours.

\- oOo -

Enfin libres, une mère et sa fille ont trouvé la Paix.

Ce cœur façonné par *les mains de l'Amour.*

FINIS LE 1ᴱᴿ OCTOBRE !

La date de l'incinération approche. Malgré tout, je ne parviens pas à me résoudre à écrire. Alors, comme une bouteille jetée à la mer, je lance intérieurement : « Si cela est si important, alors aide-moi ! »

Ainsi, je m'adresse à toi…
alors que tu es partie.

Les deux nuits qui suivent *mon appel injonctif* sont mouvementées. Je suis *réveillée* plusieurs fois, brusquement, à la manière d'une personne qui nous secoue le matin pour nous signaler que nous sommes en retard. À chaque *secousse*, ton visage m'apparaît soudainement, occupant tout l'espace mental ; je sursaute et me rendors aussitôt. Durant la seconde nuit… une nouvelle *pensée* (informations non identifiées) :

« Retourne dans mes écrits. »

Le vécu est franchement particulier ! Malgré mes réticences à « retourner dans tes écrits » en cette période, et à force de tourner dans le lit sans raison, l'esprit complètement éveillé, je me lève et relis ton journal. Bien que connaissant déjà son contenu, je suis absorbée dès les premières pages et je parcours ainsi d'une traite ces dix années avec le cancer, tard dans la nuit. Curieusement, au fur et à mesure de la lecture, un fil conducteur se révèle de plus en plus nettement, la sensation de voir… *dans l'ombre de la maladie*. Une ébauche de livre se dessine de manière improbable.

À cette même période, je découvre « Le Code a changé », réalisé par Danièle Thompson. À la fin du film, Sarah (interprétée par Emmanuelle Seigner) est interviewée sur un plateau TV à l'occasion de la sortie de son livre qui rencontre un énorme succès, auquel elle ne croyait pas. Elle répond à une question du journaliste : « J'ai eu un déclic… une atmosphère, un mot, une rencontre, c'est mystérieux cette sensation tout à coup de la confiance en soi. Un soir, je suis rentrée chez moi et je me suis mise à écrire. Et je me suis sentie débarrassée de ce que j'appelle, *la dictature de l'apparence*. J'ai décidé de mettre mes tripes sur la table, de parler de quelque chose de très douloureux, de personnel et d'essayer d'en faire un conte de fées. »[55]
Ce moment initialement de détente vire à une sorte de chamboulement de la cervelle, lorsque j'entends l'expression… *dictature de l'apparence*. Une sorte de message personnel fulgurant qui dégage instantanément, et sans douleur, les *mais*, les restrictions, les oppositions… Bref, l'ensemble de ces freins mentaux mis à l'audace, à la liberté et à la confiance ! Le *déclic* qui met fin

---

[55] Extrait du film : « Le Code a changé » - Voir Annexe

à la *dictature* ! Je lâche prise et prends la décision d'écrire ce livre. Peu importe le regard et le jugement des autres ! Avec toi… jusqu'au bout !

À partir de là, un dernier *message* émergera… une échéance cette fois !

« Finis le 1ᵉʳ octobre. »

Le délai est court ! Cette succession de « messages » me dépasse. Je lâche prise. Et, je renouvelle mes sincères remerciements à Antoine de Saint-Exupéry, de me prêter ces quelques mots simples pour tenter d'exprimer… l'inexprimable :
« Quand le mystère est trop impressionnant,
on n'ose pas désobéir. »
(Le Petit Prince)

Le lendemain matin, je me lève et je commence à écrire le premier chapitre de cet ouvrage :
« Tu es là… »

L'après-midi, nous sommes réunis au funérarium.

Un jeudi, tu as été hospitalisée aux urgences.
Un jeudi, tu es revenue à ton domicile.
Un jeudi, tu es partie.
Un jeudi, tu es incinérée.

Je regarde, émue, une dernière fois la plaque sur ton cercueil : une année de naissance identique à la mienne et… une date de fin.

« Ce que je vois là n'est qu'une écorce.
Le plus important est invisible… »
Antoine de Saint-Exupéry – « Le Petit Prince »

- oOo -

Dhyâna est un mot sanscrit qui signifie *méditation*. Dans les traditions hindoues dérivées des « Yoga Sutras de Patanjali »[56], Dhyâna est une pratique méditative raffinée qui nécessite une concentration mentale profonde. Ce type de méditation n'est pratiqué qu'après avoir effectué des exercices préparatoires.

« Si tu veux vraiment parvenir à Dhyâna, bien loin de chercher à apprendre quoi que ce soit de nouveau, il faut tout au contraire que s'en aille et disparaisse sans retour tout ce que tu peux avoir appris auparavant. »[57]

Tu as franchi la grande et mystérieuse *porte* et tu sembles l'avoir laissée légèrement entre-ouverte, pour me dire peut-être ces mots, extraits de tes écrits…

---

[56] « Yoga sutras de Patanjali » : recueil d'aphorismes à la base du système philosophique appelé « yoga »
[57] (p.110) – source : http://consciencesansobjet.blogspot.com/2012/10/gnana-nanda.html?m=0

« Tel est mon cheminement.

La maladie ne serait-elle pas un merveilleux stimulant, afin que l'être humain réalise l'irréalisable ? Tel que le décrit cette pensée de Henri Le Saux, reçue de son Maître Spirituel Gnânânanda, dans l'ouvrage "Un maître spirituel au pays tamoul" :

"Rentre en toi

au lieu où il n'y a rien,

et prends garde que rien n'y vienne.

Pénètre au-dedans de toi,

jusqu'au lieu où nulle pensée n'est plus,

et prends garde que nulle pensée ne s'y lève !

Là où rien n'est,

le Plein !

Là où rien n'est vu, Vision de l'Être !

Là où rien n'apparaît plus,

Apparition du Soi !

Dhyâna, c'est cela !"

Et c'est bien cela que je vis.

Dhyana »

- oOo -

Tu avais 58 ans.
Dhyana, merci du fond du cœur.
Je t'aime.

Nous sommes le 9 septembre.

DE LA MORT… A L'AMOUR

« Vous ne pouvez pas empêcher les oiseaux de chagrin
de survoler vos têtes, mais vous pouvez les empêcher
d'y construire leur nid. »
Proverbe chinois

Notre vie a basculé. Je me sens lasse. La persistance d'une *connexion* occupe l'espace vide. Je pense à toi, tu es présente en moi. Paradoxalement, c'est lumineux. Familiarisée avec les processus psychiques du deuil et l'accompagnement des personnes en situation de deuil, je suis vigilante à ces états tels que : le déni, la colère, la négociation. Lors d'un passage à l'hôpital où tu avais été accueillie aux urgences, je revois des personnes de l'équipe des soins mobiles palliatifs. Elles prennent de mes nouvelles. Je les rassure. Néanmoins, je ressens la tristesse. Je l'accueille. Dans ce livre, nous avons accordé aux émotions leur droit d'expression, sans excès néanmoins, lors de nos *tables rondes intérieures*. Nous avons compris que notre indifférence à leurs messages les renforcerait au point de créer dans l'ombre, des pathologies psychiques et physiques.

Cet accueil de la tristesse me ramène à mes études et pratiques durant lesquelles j'avais appris à discerner les deux liens qui peuvent unir les êtres : *l'attachement* et *l'Amour*. Cet apprentissage essentiel nous préserve de l'illusion éventuelle de croire *Aimer* ou se croire être *Aimé*, alors que nous sommes *attachés*. Aimer, avec un grand « A », désigne cet état d'*Amour* inconditionnel, indépendant du désir. « Le plaisir dépend toujours de quelque chose, mais le bonheur ne dépend de rien. »[58]

Nous avions intégré les conséquences de l'attachement : souffrances et douleurs. « Dans l'attachement, il est difficile d'Aimer d'un véritable Amour », enseignait le sage et philosophe occidental.

La conscience de ces deux types de liens est importante dans notre vie ; elle devient essentielle dans le processus de deuil. L'attachement induit des liens de dépendance dits, *toxiques*, selon leur degré. Ces liens ont ce terrible pouvoir de nous maintenir dans un état de souffrance durant des mois, des années, voire une vie entière.

Par ailleurs, je me souviens de personnes en deuil qui tentaient, en vain, et par tous les moyens, *d'oublier la personne*. Grave erreur que de chercher à oublier ce qui est inoubliable… l'Amour !

Ton mari, qui avait bien médité et cheminé dans le domaine de l'attachement et de l'Amour, après avoir perdu deux êtres chers, me disait un jour :

« On ne peut pas oublier quand on a aimé. »

---

[58] Extrait de « C'est quoi le bonheur pour vous ? » – Voir « Annexe »

Nous parcourions alors le chemin de la mise en évidence de ces liens. Ainsi les personnes endeuillées avaient le choix de rompre ou transformer ceux qui font mal, les liens d'attachements, afin de conserver et de laisser croître celui de l'Amour… immuable. Douleurs et souffrances s'estompaient. L'être aimé avait trouvé sa place dans le cœur, pour toujours. L'*Amour* est là, en nous, vivant à jamais.

Permettons à l'Amour d'envahir l'espace vide de l'absence !
« Quand on aime vraiment, rien ne peut nous manquer. »[59]

Je commence cette nouvelle vie, *sans toi*, tout en ayant la perception d'être, *avec toi*. J'éprouve désormais les prémices de la mort ; elles me révèlent que la mort n'est pas fatalement une rupture, nous précipitant dans le vide insupportable de la solitude. Un lien perdure au-delà du physique et ce lien indéfectible, telle une supra connexion, est l'*Amour*. Tu es si *vivante* dans mon cœur. « Alors si certains oiseaux de chagrin survolaient ma tête, je les empêcherais d'y construire leur nid. » Je conserve ton sourire lumineux, notre pacte, la conscience de ce qui nous avait (ré)unies : l'*Amour*. « La mort n'éloigne pas ceux qui s'Aiment », écrivait le sage et philosophe occidental. Alors, à ceux qui se préparent à partir et à ceux qui restent, je souhaite l'*Amour*.

21 jours… une *fin de vie,* ensemble ;
21 jours… une *nouvelle vie,* toujours ensemble.

---

[59] Le sage et philosophe occidental

- oOo -

Je te remercie du fond du cœur, Dhyana, ma sœur de cœur, de m'avoir donné accès à ce niveau de *Liberté* et d'*Amour*.
Je remercie ton mari pour son soutien bienveillant, patient, respectueux et aimant.
Je remercie tous ceux qui m'ont permis de grandir humainement et spirituellement, particulièrement le sage et philosophe occidental, qui a consacré de son temps à nous éclairer, sans rien attendre en retour, au service de l'Amour.
Enfin, je remercie celui qui a orchestré cette connexion intemporelle ; celui qui m'a libérée de la *dictature de l'apparence*, me permettant d'oser aller au bout de l'écriture de ce livre… *notre livre*.

- oOo -

Je remercie le Prince des rapaces nocturnes,
qui a chanté pour toi, pour moi, pour nous,
le Grand Duc.

Nous sommes le 1ᵉʳ octobre.

FIN…

- oOo -

VI.
TU ES TOUJOURS LÀ...

Octobre 2021… Après avoir accompli *ma mission* le 1ᵉʳ octobre, j'entame la phase de relecture, sans modifier le fond et le cheminement de l'histoire. Alors que j'avance tranquillement dans ce que je pense être une phase purement technique de corrections, deux pensées *ondulent* néanmoins dans mon esprit, sans que je puisse, à nouveau, leur donner un sens rationnel :

> *« Cette histoire n'est pas achevée ; le Grand Duc*
> *chantera lorsque cet ouvrage sera terminé. »*

Perceptions quelque peu inconfortables : j'avais tout écrit !
L'expérience se poursuit finalement… toujours sous la forme
d'informations intérieures persistantes qui échappent au raisonnement. Malgré cet inconfort rationnel, je poursuis mes relectures, en parallèle de ma vie professionnelle. La vie continue,
une sorte de réinsertion dans le courant du quotidien, avec ce
décalage éprouvant du *comme si de rien n'était,* alors que tout est
différent. Mon conjoint me soutient. En fin de journée, je me
rends parfois au pied d'un chêne majestueux. Il est placé face à
la falaise du Grand Duc. J'admire le paysage enveloppé des
chaudes couleurs du coucher de soleil. J'écoute l'enregistrement du chant du Grand Duc, celui qui avait accompagné ton
départ.

J'espère entendre le *Prince.* Mais il reste silencieux. Avec déférence, j'attends, *tel que cela m'est demandé…* en quelque sorte.

Malmenée par le doute, j'évolue néanmoins sur le lâcher prise.

Je commence à capter, à reconnaître ce nouveau *langage,* bien
que novice dans cet apprentissage.

Les jours s'enchaînent, entre un quotidien à nouveau dense et
une nouvelle expérience intérieure intense.

Puis un jour, un événement, improbable…

Tu es toujours là…

- oOo -

LE DIAMANT

Je suis conviée à un rendez-vous littéraire. Un auteur talentueux accompagné de son éditeur, présente son nouvel et magnifique ouvrage. La soirée est passionnante ! Avec plaisir et admiration, je me présente à lui en fin de soirée, portant son ouvrage afin qu'il me le dédicace. Comme de coutume, il me demande mon prénom. Je lui réponds en prenant soin de l'épeler, ce prénom n'étant pas usuel. Avec égard et élégance, il s'intéresse à son origine. Comme des milliers de fois dans ma vie depuis cinquante ans, je lui réponds qu'il avait été inventé par mon père. Il m'en fait alors l'éloge tout en écrivant sa dédicace, « que mon prénom lui avait inspirée », ajoute-t-il. Je le remercie et quitte les lieux telle une enfant impatiente d'ouvrir son précieux cadeau.

Une fois seule, je découvre ces premiers mots :
« Pour Cairole, un merveilleux prénom poétique… »

Cette dédicace me touche particulièrement. Pourtant, j'avais été bien souvent complimentée pour ce prénom. Ainsi, *je rendais à mon père ce qui était à mon père* depuis un demi-siècle : mon prénom ; une situation paradoxale car notre relation avait été

très douloureuse. J'avais reçu *un don*, sans en éprouver malheu-
reusement les bienfaits. Par la suite, mon travail de développement personnel transformait les douleurs du passé en une mémoire dégagée de l'animosité et de la rancœur. Bien que classée
et recouverte de la poussière du vieux coffre des souvenirs,
cette mémoire se rappelait au présent avec ce prénom, davantage apprécié des autres que de moi-même.

Mais ce soir-là, en lisant cette dédicace, un profond sentiment
de gratitude à l'égard de mon père me submerge. En pensant à
lui, je le remercie en lui offrant en quelques minutes ce demi-
siècle d'éloges qui lui avaient été indirectement adressées ! Le
moment est bouleversant et inédit.

Je quitte le cercle littéraire, profondément émue par ce père,
mon père, soudain sorti de l'ombre. Je rejoins ma voiture et je
m'apprête à faire une marche arrière afin de sortir de ma place
de parking. Dans le même temps, la musique débute automati-
quement au démarrage du véhicule. Rien d'inhabituel, jusqu'à
cet instant où j'entends l'introduction de « Shine on you crazy
diamond » des Pink Floyd… LE groupe favori de mon père,
qu'il écoutait en boucle dans sa BMW à l'époque.

Grande pause ! Accoudée au volant, je stoppe le moteur, saisie
par le titre mythique qui vient d'être lancé, aléatoirement, par
l'application Apple music.

C'est déconcertant, sensationnel ! À cet instant de reconnexion
inouïe avec lui… les Pink Floyd ! Le fait est remarquable et sans
ambiguïtés, quand je me remémore ces longs longs voyages en

voiture avec lui… avec le groupe anglais en musique de fond, non-stop. Un vrai fan !

Une nouvelle synchronicité, aussi stupéfiante et précise que les précédentes ! « Shine on you crazy diamond » vient de ceindre cette improbable et merveilleuse réconciliation personnelle d'une couronne d'émotions de joie. Cette soirée restera inoubliable. Elle vient de sortir du coffre une mémoire particulièrement poussiéreuse ! afin de la ranger précieusement dans la bibliothèque des beaux livres, des belles histoires aux fins heureuses.

Au centre de conjonctions d'événements parfaitement alignés, je pense alors que…
je ne suis pas seule.

Dans cet état de bonheur, et il s'agit bien de bonheur, je prends la route… avec les Pink Floyd. Il est 23 heures. Je suis quasiment seule dans la nuit ; j'ai une *pêche* incroyable !
Je pourrais conduire ainsi jusqu'à… *San Francisco* !

Enfant, ma suprême déclaration d'amour était :
« *Je t'aime jusqu'à San Francisco !* ».
Elle me venait de mon petit frère, qui ajoutait :
« *Aller/retour !* »
San Francisco était devenue à mon regard de petite fille, la ville la plus éloignée au monde… voire le bout du monde !

> J'écrivais alors parfois à ma mère ces mots d'amour d'enfant,
> que je glissais dans ses affaires personnelles.
> Jamais à mon père…

Tandis que je roule, seule dans la nuit, des pensées et réflexions s'enchaînent avec une clarté et une fluidité remarquables. Des scènes de vie du passé ressurgissent naturellement : les personnages sont les mêmes, mais le film est différent. Certains passages sombres s'illuminent. Spectatrice d'un passé revisité en quelque sorte, je redécouvre mon père : ses qualités, ses talents et ce qu'il m'avait transmis de positif. Je me revois également à l'époque : une personnalité au tempérament impulsif, rebelle à toute forme d'autorité. Pour la première fois, j'éprouve la reconnaissance et l'affection d'une enfant envers son père. Je me sens connectée à ce qui le caractérisait, un esprit libre et non-conformiste. Et je me souviens de son conseil de vie qu'il me rappelait souvent : « *L'important, c'est la vérité et la liberté. Fais ce qui est nécessaire pour être libre, être toi-même. Ne sois jamais dépendante de qui que ce soit.* »
Une sorte de leitmotiv qui lui tenait à cœur de me transmettre !
Il nous a quittés et du fond du cœur je le remercie.

Dans la sérénité de la nuit, je me souviens *des deux flammes* unies sur un même bougeoir. Elles nous avaient annoncé l'exceptionnelle réconciliation d'une fille et de sa mère. L'esprit parfaitement clair, je comprends désormais à quel point la *réconciliation intérieure* avec ses parents, dans notre cœur, est nécessaire à la guérison. Ainsi nous offrons à notre *enfant intérieur* son indispensable cocon d'amour, dans le présent. Tout s'ordonne. La vision est claire, évidente.

Des souvenirs enfouis et charbonneux,
transformés en pur diamant, à la brillance éclatante.
« Shine on you crazy diamond ».

Que se passe-t-il subitement ?

Je sais expliquer les effets d'un changement de perception sur notre passé. Dans mon métier, le processus s'appelle : *un recadrage* (fondement de la pratique de Milton Erickson et de l'hypnose, de la P.N.L., de l'école de Palo Alto et d'autres). Les auteurs de « Changements, paradoxes et psychothérapies » le définissent ainsi : « Le mécanisme ici à l'œuvre n'est pas tout de suite évident surtout si l'on se souvient qu'il y a changement même quand la situation reste elle-même inchangée, ou même inchangeable. Ce qu'on modifie en recadrant, c'est le sens accordé à la situation, pas ses éléments concrets. »[60] Les auteurs illustrent leur pensée avec une citation du philosophe Épictète (premier siècle de notre ère) : « Ce ne sont pas les choses qui troublent les hommes, mais l'opinion qu'ils en ont. »

La transformation ou libération résulte d'un changement de perception de la *réalité*. Je comprends le mécanisme. En revanche, ce changement aura nécessité un déclencheur *sacrément* puissant pour faire émerger soudainement d'un vieux coffre bien empoussiéré, une affaire que j'avais décidé de

---

[60] « Changements, paradoxes et psychothérapie » - Paul WATZLAWICK, John WEAKLAND et Richard FISCH

classer, bien que non résolue ! Et telle une disruption intérieure, la résoudre *en un clic* !

J'étais parvenue à un autre regard sur le passé…

L'ensemble de ces manifestations, synchronicités et informations remarquables s'ordonnent peu à peu dans mon esprit, formant désormais un ensemble cohérent. Alors que j'étais au cœur d'une histoire sans en connaître le dénouement finalement, j'étais guidée vers un trésor, *un diamant d'Amour*, qui désormais, brille dans mon cœur.
Je t'aime, papa… jusqu'à San Francisco.

- oOo -

Alors que je transcris cette réconciliation éclair et imprévue, Eléonore me raconte son rêve de la nuit, dans lequel tu apparais : elle est au bas d'un escalier et toi, sur le haut. Sans bouger, elle te regarde, magnifique et rayonnante de vie, descendre lentement les larges marches dans sa direction.
Touchée par son récit, je retranscris son message à ton attention…

« À toi, Dhyana,
J'ai vécu tes témoignages comme de grands privilèges depuis notre rencontre il y a près de dix ans, et jusqu'à cet ultime témoignage. Merci d'avoir su les partager avec une telle transparence durant toutes ces années. Tu me disais humblement de me servir de ton

exemple, de ton expérience, pour « gagner du temps, afin de ne pas reproduire les mêmes erreurs.

Alors tu as ouvert une voie qui, je le sais maintenant grâce à toi, n'est pas une voie à sens unique. Je le ressens et je le vis : ce qui a été uni ne peut être séparé. Aujourd'hui, bien qu'absente, tu es venue me rappeler que la véritable relation à l'autre et relation à soi, s'établissent par la connexion. Comme une main qui nous est tendue, cette connexion est là ; en y étant attentif, disponible, nous devenons alors connectés… et accompagnés.

Pour tout cela, merci Dhyana. »

Eléonore

Au début de cet ouvrage, elle écrivait : « Bien qu'elle soit d'une fatalité inéluctable, la mort n'est pas nécessairement une fin en soi, ni une fin de soi. » Le Petit Robert définit la mort comme étant la « fin d'une vie humaine (ou animale) ». La mort est effectivement une fin… Mais nos études spirituelles nous ont conduites à la connaissance de l'*Être* ou du *Soi*, qui ne se limite pas à l'être biologique et périssable. Puis *ta rencontre avec la mort* durant tes méditations, ainsi que des témoignages similaires, semblables à celui de Eben Alexander, ont révélé ce « *Je* », cet état d'*Être* immatériel, vivant et immortel.

Notre histoire change mon regard sur la vie et sur la mort. Elle m'amène à poser l'hypothèse d'une sorte de *passerelle* entre deux modes ou niveaux d'existence ou, d'exister…

« L'un connu… la Vie,

L'inconnu… la Mort. »

(Le sage et philosophe occidental)

Telle sera désormais ma quête de chercheur spirituel, entre Science et Conscience.

L'Amour peut nous transporter de l'ombre à la lumière instantanément, rendant possible ce qui semblait inaccessible, dans *la Vie* et, dans *la Mort.*

« Je pense qu'il faut oser sa vie. Tout est possible. L'Everest est possible. Et après, ça passe par l'Amour, avec un grand A. »[61]
Je partage cette pensée de Christine Janin, médecin alpiniste, première femme française à être montée tout en haut de l'Everest en 1990.
Elle m'évoque une pensée de ton journal :
« *Alors que je suis encore en pleine ascension de l'Himalaya, je suis propulsée au sommet, durant un court instant ! »*

Peut-être, descends-tu parfois, *un court instant*, à la limite de notre monde ?... et j'en suis bouleversée.

- oOo -

« *On a tout essayé, sauf l'Amour. »*
Théodore MONOD

---

[61] Extrait du film documentaire « C'est quoi le bonheur pour vous ? » (Voir annexe)

Le Chant du Grand Duc

Il est environ 19 heures. Je viens à peine de finir l'écriture de ce dernier chapitre impromptu. Je quitte mon bureau et m'apprête à me rendre dans la cuisine mais, *subitement*, je change de direction pour sortir dans le jardin ; et j'insiste, à nouveau, sur le – *subitement* - !

À peine sortie de la maison, à cet instant-là…

J'entends dans la pénombre de la nuit tombante,
le Chant du Grand Duc.

Coup de théâtre !

Un petit temps m'est nécessaire avant de me souvenir de ce dernier message intérieur, qui m'annonçait que l'histoire n'était pas encore finie… alors que je pensais avoir tout écrit. J'avais oublié depuis, que *le Grand Duc n'avait pas dit son dernier mot…* jusqu'à cet instant d'accomplissement.

Profondément touchée, j'ai à nouveau le sentiment d'effleurer… le plus grand mystère.

Je reste dehors à écouter dans sa direction. Je remercie.

Face à cette ultime et extraordinaire synchronicité, je vis une joie et une gratitude incommensurables. Je me sens à nouveau submergée par l'*Amour*, au point de penser que c'est... *trop d'Amour* ; une manière de traduire que cela dépasse la conception humaine de l'*Amour*.

L'esprit chahuté et troublé par cette nouvelle allocution princière du Grand Duc, je me pose la question : *quoi* m'a conduite à sortir de la maison – subitement - pour entendre... ce message du Grand Duc ?

« Celui qui cherche, qu'il ne cesse de chercher jusqu'à ce qu'il trouve et quand il trouvera, il sera troublé et, une fois troublé, il sera émerveillé et il régnera sur le Tout. »
Jésus CHRIST – Évangile selon Thomas

Je cherche depuis longtemps. J'ai trouvé... *un peu*. Et déjà, ce petit *peu* m'émerveille, me bouleverse au plus haut point ! En attendant de trouver de nouvelles réponses, je m'incline, je remercie ; je me résous à accepter et... à VIVRE l'expérience, telle qu'elle EST.

Nous avions fait un pacte, les yeux dans les yeux, un instant qui m'avait projetée dans un espace à quatre, cinq... à n dimensions [62] . Nous étions effectivement connectées, reliées par l'Amour, avec un grand « A » ; un lien spirituel, immuable, éternel, intemporel, qui nous a transportées de l'ombre à la lumière. Mais « les mots sont trop faibles pour rendre des

---

[62] « n » : abrév. et symbole. Désigne en mathématiques un nombre indéterminé.

sensations divines » (Balzac). Néanmoins, ils sont forts lorsqu'il s'agit de nous éveiller à une dimension divine.

— Souviens-toi, Dhyana, de ces quelques mots puissants de Théodore Monod : « *On a tout essayé, sauf l'Amour.* »

Et dis-moi ! Serions-nous parvenues à… *essayer* ?

Peut-être… un peu, inspirées par les pensées de celui qui nous avait à la fois (ré)unies et éclairées, il y a bien des années, lorsqu'il nous disait : « *J'Aime, donc Je Suis* », le sage et philosophe occidental.

- oOo -

Dhyana,
je t'ai aimée, je t'aime et je t'aimerai… toujours.
Alors que tu es partie,
tu es toujours là…

Le Grand Duc a chanté.

FIN

- oOo -

« *J'aurai l'air d'être mort et ce ne sera pas vrai…* »
Antoine de Saint-Exupéry
« *Le Petit Prince* »

BIBLIOGRAPHIE

- Dr Eben ALEXANDER - « La preuve du paradis – voyage d'un neurochirurgien dans l'après-vie » - Guy Tredaniel Éditeur – 2012
- Dr Eben ALEXANDER et Dr Raymond MOODY - « L'évidence de l'après-vie » - Guy Tredaniel Éditeur – 2014
- « Pensées et aphorismes de Sri AUROBINDO » - (traduction et commentaires) - Cinquième édition : 2009 (version PDF) - Publié par l'Ashram de Sri Aurobindo
- Edward BACH - « La guérison par les fleurs » - Éditions Le courrier du livre – 1994
- Jill BOLTE TAYLOR - « Voyage au-delà de mon cerveau » - J-C Lattès - 2006, 2008
- Thérèse DE LISIEUX - « Histoire d'une âme » - Carmel Edit, Éditions du Jubilé – 2001
- Antoine DE SAINT-ÉXUPERY - « Le Petit Prince » - Gallimard – 2012
- Émile HENRIOT - « Les romantiques - Courrier littéraire – XIXème siècle » - Albin Michel – 1953
- Ellen HERVE-DESIRAT - « Spiritualité » dans les « Concepts en sciences humaines » - www.cairn.info/concepts-en-sciences-infirmières-2eme-edition--9782953331134-page-2888.htm
- Edwin KAHN, traduction Françoise DUCROUX-BIASS - « Carl Rogers plus pertinent aujourd'hui que Freud » - ACP-PR | « Approche Centrée sur la Personne. Pratique et recherche », 2008/2 n° 8 | pages 21 à 24, ISSN 1774-5314, https://www.cairn.info/revue-approche-centree-sur-la-personne-2008-2-page-21.htm

-   Cairole KRALJ - « Intelligence Intuitive, 1ère porte – Contact avec le Principe » - K'SYS – 2020
-   Dr François LALLIER - « Expériences de mort imminente – Peut-on vraiment parler de mort ? » - Éditions LE DUC - (2020)
-   Jean LACROIX – « Philosophie de la culpabilité » - Philosophie d'aujourd'hui – Presses universitaires de France – 1re édition : 1977 – Édition numérique : 2017
-   « Le Petit Robert de la langue française » - Éditions Dictionnaire Le Robert/Sejer – 2021
-   Henri LE SAUX, GNANANANDA (Maître Spirituel de Henri LE SAUX) « Un maître spirituel au pays tamoul » - Ed. Présence – 1970 (Ouvrage épuisé)
-   Jacques MARTEL - « Le grand dictionnaire des malaises et des maladies » - Éditions Quintessence – 2007
-   Dr Jean-Loup MOUYSSET – « Devenir acteur de sa guérison, avec l'Accompagnement thérapeutique » - Éditions Mosaïque Santé – 2020
-   P.M. NIEDENTHAL, S. KRAUTH-GRUBER, F. RIC - « Comprendre les émotions » - Éditions Mardaga – 2008 – Version numérique 2013
-   OSHO – « La liberté – Le courage d'être soi-même » - Éditions Jouvence – 2007
-   OSHO – « Émotions » - Éditions Jouvence – 2018
-   OSHO – « OSHO Zen Tarot » – marques déposées de Osho International Fondation – Texte de Osho – Illustrations de Deva Padma – Édité par Sarito Carole Neiman – 1994
-   Henri POINTCARE - « Le hasard » – Revue de mois 3 1907, 257-256
-   Carl ROGERS - « Le développement de la personne » - Dunod Interédition nouvelle édition - 2005

- Carl ROGERS - « Liberté pour apprendre » - Éditions Dunod – 2013
- Bhagwan Shree Rajneesh - « La mort, l'ultime illusion » - Éditions Le voyage intérieur - 1988
- Massimo TEODORANI - « Synchronicité – Le rapport entre physique et psyché de Pauli et Jung à Chopra » - Macro Éditions – 2012
- Yves-Alexandre THALMANN – « Au diable la culpabilité ! Cessez de vous culpabiliser et retrouver votre liberté intérieure » - Édition numérique Jouvence – 2013
- Paul WATZLAWICK, John WEAKLAND, Richard FISCH - « Changements Paradoxes et psychothérapie » - Éditions du Seuil – 1975

ANNEXE

Fédération « Ressource »

« Un autre regard sur le cancer »
Mieux-être et accompagnement thérapeutique
Porter un autre regard sur le cancer, c'est se centrer sur la personne et non la maladie. Redonner une force et une existence à la personne malade et à ceux qui l'aident au quotidien, afin qu'elle devienne actrice de sa santé et traverse l'épreuve du cancer avec de meilleures chances de guérison, telle est l'ambition du projet initié par le Dr Jean-Loup Mouysset, Médecin Oncologue et toute son équipe composée de plus de 130 intervenants.
Jean-Loup MOUYSSET
Président de la Fédération - Oncologue médical, Fondateur de l'Association Ressource et du Centre ressource - Élu Entrepreneur Social Ashoka-France 2010
https://www.federation-ressource.org/

Kralj Yoga

Julien KRALJ - Instructeur de yoga : entreprises et particuliers.
www.kraljyoga.com

« Le Code a changé »

Film réalisé par Danièle Thompson, sortie en 2009, avec Karin Viard, Dany Boon, Marina Foïs, Patrick Bruel, Emmanuelle Seigner, Christopher Thompson, Marina Hands, Patrick Chesnais, Pierre Arditi.

« C'est quoi le bonheur pour vous »

https://www.citationbonheur.fr/a-propos-film-cest-quoi-le-bonheur-pour-vous/

Film documentaire réalisé par Julien Peron et Laurent Queralt – Sortie en France le 23 septembre 2017. Depuis des millénaires, l'homme n'a cessé de se questionner. Philosophes, écrivains, scientifiques, maîtres spirituels, chercheurs en tous genres s'attardent à comprendre la mécanique du bonheur. Et si le bonheur cela s'apprenait ? Et si tout partait de notre éducation ? Pendant 4 ans, Julien Peron a sillonné notre belle planète, seul, sans équipe de tournage et en autofinancement, à la rencontre de ces hommes et femmes qui cherchent à percer les mystères du bonheur. Le film aborde un nombre important de thématiques toutes liées au bonheur et nous met face à nos responsabilités et à nos choix.

« Prenez soin de vous, tout est question d'équilibre ! »
Julien Peron

NOTE SUR L'AUTEUR

Certifiée et diplômée coach professionnelle et superviseur, maître praticienne en P.N.L., en hypnose ericksonienne, praticienne en hypnose classique, Cairole accompagne les personnes et les professionnels de l'accompagnement. Ses études spirituelles, sa pratique de la méditation et du yoga nidra ont complété ses formations. Elle a ainsi construit son approche de l'humain reposant sur des bases humanistes, systémiques, phénoménologiques, holistiques et spirituelles.

Également, professionnelle de la communication, chef d'entreprise, essayiste et conférencière, Cairole se définit avant tout comme un chercheur dans l'âme. Elle a exploré une grande variété d'univers professionnels, personnels et spirituels, portée par un besoin incessant de comprendre l'humain. Ce parcours puissant de découvertes et de rencontres exceptionnelles l'a conduite à une succession de remises en question et d'apprentissages, lui donnant des clefs de compréhension, pour enfin aboutir à la conscience d'une forme d'intelligence, qu'elle a nommée « intelligence intuitive ».

Elle a commencé à partager ses visions et recherches dans son livre : « Intelligence Intuitive 1ère porte, contact avec le Principe », un essai issu de son mémoire de recherches de fin d'étude de Coaching Entreprise à Aix-Marseille Université. Elle retrace son parcours de chercheur, conduit par la question : *qu'est-ce qui provoque l'intuition ?* Elle se consacre depuis à cette exploration de l'humain dans sa dimension extra-rationnelle, porteuse de solutions et d'espoir.

« Le Chant du Grand Duc me conduit alors à poser l'hypothèse d'une passerelle entre deux modes ou niveaux d'existence ou, d'exister : l'un connu… la Vie ; l'inconnu… la Mort.
Telle sera désormais ma quête de chercheur spirituel, entre Science et Conscience. » Cairole.

WWW.KSYS.INFO

Manufactured by Amazon.ca
Acheson, AB